LA BOURSE
en 10 leçons

Les stratégies gagnantes

Illustrations
André Vial

Maquette
Espace Fine

© 2000, Éditions Minerva, Genève (Suisse)
ISBN : 2-8307-0580-7

LA BOURSE
en 10 leçons

Les stratégies gagnantes

Stéphane Hurel

minerva

Sommaire

Sommaire

Sommaire

Introduction

Sur la seule année 1999, la Bourse de Paris a progressé de plus de 50 %. Une performance qu'il sera difficile de rééditer même si la conjoncture économique demeure favorable. Pour autant, la Bourse reste d'assez loin le placement le plus rentable à moyen terme et cela justifie qu'elle suscite de plus en plus d'intérêt.

Ce comportement nouveau va au-delà d'une simple mode attisée par des rendements parfois extraordinaires. C'est un changement culturel durable favorisé par l'apparition d'Internet, et par des réflexions à plus long terme comme celle sur l'avenir des retraites.

Le résultat est spectaculaire : entre mai 1999 et mai 2000, un million d'entre vous sont devenus porteurs de valeurs mobilières que ce soit sous forme d'actions en direct, ou d'OPCVM (SICAV ou Fonds communs de placement). Au total, vous êtes maintenant 9 millions, soit un Français de plus de quinze ans sur cinq, à être entrés dans le jeu.

Mais justement, la Bourse n'est pas un jeu et les performances récentes de certains titres, tant à la hausse qu'à la baisse, soulignent la nécessité de l'aborder avec sérieux et méthode.

C'est tout l'objet de ce livre que de vous y aider et de vous guider dans vos premiers pas en Bourse : comment ouvrir un compte, chez qui, comment investir, à quel rythme, quelles sont les stratégies à mettre en place, les principaux pièges à éviter... Vous apprendrez à vous repérer entre la gestion en bon père de famille et la stratégie du joueur. Vous trouverez ici des informations, des conseils, des astuces qui vous permettront de dialoguer efficacement avec vos intermédiaires et de faire les bons choix.

Mais surtout, ce livre se veut d'abord un avertissement contre la tentation de l'argent facile : la Bourse n'est pas un casino. En échange d'un peu de temps et de méthode, vos investissements doivent vous permettre de vous constituer des avoirs complémentaires, parfois non négligeables. Quant au «tout sur le rouge», vous vous en apercevrez dans ces pages, il ne constitue pas une stratégie.

Alors suivez-nous au fil de ces dix leçons...

1

Investir
sur le marché boursier

Depuis 1997, le marché boursier européen
connaît une forte expansion après une longue période
de stagnation liée à la crise économique des années 1990
à 1995. En un peu plus de deux ans, la Bourse de Paris
a multiplié par deux la valeur de son indice, le CAC 40,
baromètre des quarante plus grosses entreprises
de France: ainsi, 100 francs investis en 1997
en valaient 200 dès juillet 1999. Et la hausse se poursuit
sous l'effet conjugué de la reprise économique
et de l'émergence de la nouvelle économie.
Devant de telles performances, vous vous posez la question:
ne devrais-je pas moi aussi acheter des actions
pour faire fructifier mes économies? Mais un jour
elles sont en hausse, le lendemain elles sont en baisse :
comment faire pour trouver les bons placements?
Quelle somme investir? Et n'est-il pas déjà trop tard
pour espérer gagner de l'argent?
La réponse à cette dernière question est non,
à condition d'avoir bien compris le fonctionnement
du marché et de s'entourer d'un certain nombre
de précautions.

La philosophie du marché boursier

■ Peut-on encore gagner de l'argent en Bourse?

Historiquement, les Bourses constituent le placement le plus rentable. Aujourd'hui, il n'y a que les actions pour faire progresser rapidement votre capital. Il y a quelques années, la concurrence était plus attractive mais, actuellement, le livret de Caisse d'épargne ne rapporte plus que 3,00 % et les obligations d'État (les OAT) vous proposent tout juste 5,5 % sur dix ans sans compter l'incidence fiscale.

À côté de cela, sur une période de dix ans, entre 1950 et 1992, et en francs constants, la Bourse a rapporté 6,30 % par an alors que l'obligataire ne progressait que de 1,89 % et le monétaire de moins de 1 %. Plus récemment, il était possible de multiplier son capital par mille en seulement dix ans sur des titres de la société Cisco. Même les placements dans l'immobilier, malgré le boom de la fin des années quatre-vingt, ne peuvent leur être comparés. Sur quinze ans, les comptes sont faciles à faire et penchent nettement en faveur du marché des actions. Si, malgré tout, vous croyez à l'immobilier, vous pouvez toujours miser sur des valeurs foncières qui répercuteront la progression de la pierre sans vous faire subir les affres de la gestion locative ajoutées à une fiscalité à géométrie variable.

■ Quel risque prenez-vous en plaçant en Bourse votre capital?

Des études statistiques récentes menées sur les différentes places boursières et portant sur les quarante dernières années montrent qu'il faut dans le pire des cas huit années pour retrouver son capital de départ compte tenu d'événements politiques ou économiques ayant ébranlé le monde.

Cela signifie que dans la situation la plus défavorable (conflits mondiaux ou forte dépression économique), il a pour le moment été toujours possible de retomber sur ses pieds à long terme. Encore s'agit-il là de situations rarissimes. Loin de vous inquiéter, ces chiffres devraient vous rassurer. Ils montrent que, malgré le risque que vous prenez en investissant sur le marché des actions, votre capital initial sera préservé pour peu que vous vous en donniez le temps. En Bourse, il faut savoir laisser passer l'orage et avoir les nerfs solides.

Ainsi, imaginez que vous ayez commencé à acheter des actions en juin 1998. Deux mois après, votre portefeuille valait globalement 30 % de moins. Le krach de l'été était passé par là ! Souvenez-vous : pendant cette période, ce n'était que récession, crise asiatique ou dépression en Amérique latine. À entendre les Cassandre, il fallait tout vendre. Le monde économique était au bord du chaos et les marchés financiers montrés du doigt. Même si c'est plus facile à dire à postériori, il suffisait d'attendre. Moins d'un an après, tout était rentré dans l'ordre. Votre portefeuille était redevenu positif. Oubliée la récession, en route pour la croissance et l'économie vertueuse… En Bourse, il faut donc savoir être patient, prendre du recul face aux caractères cycliques des marchés financiers. Avoir du temps devant soi est encore une fois essentiel.

■ Investir à court ou à long terme ?

Comment concevoir un investissement boursier : à long terme ou à court terme ?

Dans les milieux financiers, le court terme est un investissement inférieur à un an. Entre deux et cinq ans, c'est du moyen terme. Le long terme se situe au-delà.

La valeur temps, on l'a dit, est l'élément déterminant en Bourse. Vous ne devez pas raisonner à court terme. Cela ne veut pas dire qu'il n'est pas possible de faire fructifier son portefeuille rapidement. Au contraire, mais tous placements confondus, la Bourse est le plus incertain à court terme alors qu'elle est le plus rémunérateur à long terme.

■ Quel pourcentage de votre épargne devez-vous investir en Bourse ?

Partant du principe qu'il ne faut pas mettre tous ses œufs dans le même panier, il n'est pas souhaitable de placer la totalité de son épargne sur le marché boursier. La tentation est pourtant grande car l'écart de rentabilité entre la Bourse et tous les autres placements est très largement à l'avantage du marché actions.

Il ne faut pas en fait hésiter à moduler la répartition de son capital entre les différents investissements possibles selon l'évolution des différents facteurs économiques.

En période de reprise économique et de croissance solide, la part de votre épargne consacrée aux actions sera donc plus élevée. Elle le sera d'autant plus que vous pouvez vous projeter à long terme. Si ces deux conditions sont remplies, votre investissement en Bourse pourra atteindre 75 % de vos disponibilités.

Le plus important est de ne pas investir votre capital en une seule fois. Fixez-vous des objectifs. Raisonnez par tiers : un premier tiers tout de suite, les deux autres sous forme d'objectifs plus ou moins ambitieux. En procédant ainsi, vous vous priverez peut-être d'opportunités mais vous aurez des disponibilités en cas de baisse du marché.

Car même si le sens naturel de la Bourse est de monter, les mouvements ne sont jamais uniformes. Regardez par exemple l'évolution de la Bourse de Paris en 1998. Le CAC 40 a commencé l'année à 3 000 points et l'a terminée à 3 900 points. Entre-temps on aura vu 4 400 points en juillet et 2 900 en octobre.

Dernier point, il n'y a pas de capital minimum pour jouer en Bourse mais si votre montant est très faible, il est difficile d'adopter une stratégie fractionnée en raison des coûts minimum sur des petits achats. Dans ce cas, privilégiez une gestion déléguée dont l'éventail d'actions est par définition plus large, ce qui mutualise votre risque et s'avère moins coûteux.

■ Quel type d'investisseur êtes-vous?

Votre approche de la Bourse dépendra profondément de votre tempérament. Malgré l'engouement que suscitent les marchés boursiers au regard de leurs performances, le nombre d'actionnaires individuels progresse en France très lentement depuis dix ans. Il se situe toujours autour de 5 millions de personnes au début de l'année 2000 (contre 4,7 millions en 1997). En revanche, le

volume placé en gestion collective, c'est-à-dire dans les SICAV, ne cesse de grandir. Cette orientation traduit la mentalité des épargnants français : oui à la Bourse, mais comme je n'y connais pas grand-chose, autant acheter des SICAV. Dans ce domaine, la France est loin derrière les États-Unis par exemple. Un Américain sur quatre dispose d'un portefeuille boursier qu'il gère lui-même et s'endette pour investir en Bourse. La situation économique des années quatre-vingt-dix en France ne s'est pas prêtée à une telle évolution. L'épargne s'acoquine encore mal avec la Bourse. Pourtant, l'ampleur de la reprise économique, la banalisation de l'information boursière et l'offre toujours plus abondante des intermédiaires et en particulier des courtiers en ligne sur Internet devraient drainer un nombre croissant d'actionnaires individuels.

Alors, où vous situez-vous ? Il n'y a pas de hiérarchie entre le flambeur et l'épargnant prudent, entre celui qui gère son portefeuille et celui qui délègue sa gestion, mais à chaque mentalité correspond une gestion appropriée. Voici quelques repères pour vous aider à vous positionner.

→ La gestion «en bon père de famille»

Un placement «en bon père de famille» est traditionnellement un placement sans risque. Sur le marché actions, il se traduit par une gestion très sécuritaire. Vous la confierez volontiers à un professionnel du marché plutôt que d'acheter vous-même des actions en direct (du moins tant que vous n'aurez pas lu ce livre). Vous allez vous constituer une épargne à long terme, progressive, dont la part en actions sera faible. Vous privilégierez les placements de trésorerie traditionnels (Sicav monétaires, livrets d'épargne).

Mais l'écart de rendement de la Bourse par rapport aux autres placements classiques, que ce soit sur le marché obligataire ou même sur des contrats d'assurance-vie (non investis en actions), doit vous faire réfléchir.

→ Joueur mais prudent

Vous ne connaissez pas bien le marché des actions mais vous y avez déjà pris pied à travers des SICAV-actions ou des contrats d'assurance-vie partiellement investis sur le marché des actions. Votre souhait est désormais de dynamiser votre épargne et de valoriser votre capital en achetant en direct des actions. Vous recherchez un placement à moyen ou long terme qui permette un compromis idéal entre performance et sécurité. Vous projetez d'ouvrir un plan d'épargne en actions et de revendre une bonne partie de vos SICAV monétaires. Vous hésitez à confier la majeure partie de votre portefeuille à un gestionnaire ou à le faire vous-même. Vous allez

découvrir ici qu'acheter des actions en direct est une simple question de temps, d'habitude et de méthode.

→ La gestion audacieuse

Vous avez envie d'acheter et de revendre rapidement. Prendre de petits gains pour pouvoir être sur plusieurs valeurs à la fois. Cela implique de la disponibilité pour saisir les opportunités de revente de vos actions. Vous vous intéresserez aux intermédiaires qui proposent un courtage à demi-tarif pour des opérations d'achat et de revente dans la même journée. Vous allez vous passionner pour le nouveau marché en misant sur les start-up et découvrir les marchés étrangers.

Vous recherchez en général un placement plus risqué pour une meilleure rentabilité. Mais si votre portefeuille de Bourse sera dynamique, il sera aussi volatile : vous devez être prêt à prendre le risque de vous faire « coller » sur une action qui perdra 15 % après que vous l'avez achetée…

Comprendre le fonctionnement de la Bourse

■ La révolution de la Bourse

La Bourse est le seul endroit autorisé pour la négociation des valeurs mobilières (actions et obligations) à travers ses intermédiaires et les courtiers autorisés. Il s'agit d'un marché organisé et unique sur lequel se rencontrent les offres et les demandes. Autrefois (jusqu'en 1987) cette rencontre avait lieu au Palais Brongniard et dans les Bourses de province. Aujourd'hui, tout est informatisé et les valeurs les plus liquides sont cotées en continu de 9 heures à 17 h 30.

Ce modernisme est finalement récent compte tenu de l'histoire de la Bourse qui date du début du XVIIIe siècle. Mis à part quelques évolutions fonctionnelles liées au temps et au progrès technique, elle n'avait subi que peu de transformations institutionnelles jusqu'au début des années quatre-vingt.

En 1984, Pierre Bérégovoy, alors ministre des Finances, a mis en place ce qu'on a appelé la déréglementation des marchés financiers. Le but de cette réforme était de mener l'ensemble des acteurs du jeu financier vers plus de transparence et d'ouverture pour faire face à la concurrence internationale. Au regard du cloisonnement de ces marchés à cette époque, on peut parler de révolution. Dans le cadre de la Bourse, la transformation a porté sur le fond dans le cadre d'une refonte des institutions et sur la forme par l'arrivée de l'électronique et la suppression de la mythique «corbeille».

La réforme des institutions de janvier 1988 a ensuite entraîné progressivement la suppression du monopole des charges d'agents de change. Celle-ci est effective depuis le 1er janvier 1993. Le nom de «charge» a été remplacé par celui de société de Bourse. Au-delà du symbole, le législateur a surtout transféré le pouvoir juridique d'une personne physique vers une personne morale. Les agents de change étaient en effet des officiers ministériels. Leur nombre était limité. Ils bénéficiaient du monopole à la fois des transactions boursières et des tarifs de commissions. Désormais, une société de Bourse a le droit d'ouvrir son capital aux banques ou aux assureurs. Il était temps car la plupart des charges souffraient d'un manque de fonds propres. La Compagnie des agents de change était chargée de veiller à la sécurité financière de la place. Mais, comme la Compagnie était elle-même financée par les charges solidaires entre elles, le système fonctionnait de moins en moins bien. L'ouverture aux investisseurs a représenté une bouffée d'oxygène pour ces entreprises et une possibilité de développement pour les investisseurs. Elle a permis par conséquent aux banques et aux compagnies d'assurance de faire une entrée par la grande porte dans un domaine qui leur était jusque-là interdit : les actions. En moins de deux ans, la plupart des sociétés de Bourse ont perdu leur indépendance. Aujourd'hui seules les sociétés Pinatton et Wargny ont choisi de demeurer indépendantes. Une indépendance qu'elles revendiquent désormais ensemble depuis leur fusion en 1999. Cette ouverture s'est accentuée par la libération des prix des commissions. Les taux de courtage sont libres depuis lors. La concurrence sur les prix fait rage encore aujourd'hui. L'arrivée des courtiers en ligne sur Internet a encore accentué le mouvement. C'est pour vous un énorme avantage. Nous en reparlerons.

Pour faire face à ces nombreux bouleversements en France comme dans d'autres pays voisins, la directive européenne de janvier 1996 sur les services d'investissements a obligé les États membres de l'Union européenne (voir encadré page 23) à adapter leurs réglementations. En France, la loi du 2 juillet 1996 a renforcé les règles de sécurité et de transparence au profit de l'ensemble des investisseurs et précisé les types d'intermédiaires habilités dans ce domaine.

Autre avantage et non des moindres, la sécurité de la négociation, du traitement et du règlement des ordres. Aujourd'hui, **Paris Bourse** SBF **SA** est en charge de la gestion du marché, la **Sicovam** de la conservation des titres et la **Commission des opérations de Bourse** (COB) veille entre autres à la régularité des transactions et à la transmissions des informations des entreprises vers les investisseurs.

LE PALAIS BROGNIARD

Le Palais Brogniard est le nom de l'édifice qui abrite la Bourse. Il tire son nom de l'architecte Alexandre-Théodore Brogniard chargé en 1808 par l'empereur Napoléon Ier de construire un lieu définitif pour établir la Bourse de Paris. En effet, depuis son officialisation en 1724, la Bourse de Paris s'était promenée de l'hôtel de Nevers à l'église des Petits-Pères (aujourd'hui l'église Notre-Dame-des-Victoires) puis, à partir de 1809, au Palais-Royal dans la galerie de Virginie, puis dans l'enclos des filles Saint-Thomas.

La construction du bâtiment fut retardée par la mort de Brogniard en 1813. C'est l'architecte Labarre qui termina la construction et le Palais Brogniard fut inauguré en 1826. Agrandi en 1903 par deux ailes latérales, il a abrité également la Bourse de commerce (aujourd'hui rue de Viarmes) jusqu'en 1885 et le Tribunal de commerce jusqu'en 1865.

La Bourse de Paris est le décor de bon nombre de romans célèbres du XIXe siècle. Le plus connu est *L'Argent* d'Émile Zola qui s'inspire des scandales de l'affaire Mirès ou de celle des banquiers Pereire. Avant Zola, Balzac avait décrit l'univers de la Bourse à travers la réussite du baron de Nucingen (*Le Père Goriot* ou *La Maison Nucingen*) sans oublier Maupassant dont Georges Duroy, le héros de *Bel-Ami*, utilise la presse pour servir sa réussite boursière.

■ L'organisation juridique de la Bourse en France

La réforme issue de la loi de janvier 1988 a donc modifié l'organisation des sociétés de Bourse. La Chambre syndicale des agents de change a disparu pour être remplacée par le Conseil des marchés financiers et la Société des Bourses françaises (SBF).

→ Le Conseil des marchés financiers

Le Conseil des marchés financiers est chargé de régenter le fonctionnement du marché boursier. C'est l'autorité des marchés. Il conçoit le règlement général du marché qui, après l'accord de la Banque de France et de la COB, est avalisé par le ministère des Finances. Il définit entre autres les conditions qui permettent aux professionnels d'opérer en Bourse.

→ Paris Bourse SBF SA : l'organisation au quotidien

De son côté, la Société des Bourses françaises, qui s'appelle désormais Paris Bourse SBF SA, est chargée de faire fonctionner le marché. Elle assure la cotation des cours et l'organisation générale du marché au quotidien sous le contrôle du Conseil des marchés financiers. Son rôle est essentiel pour la bonne marche de la place de Paris et le rayonnement de celle-ci. À ce titre, Paris Bourse SBF SA assure la promotion de la Bourse française à travers le monde et noue les contacts en vue de ce qui devrait être prochainement une Bourse européenne unifiée.

→ La COB : le gendarme de la Bourse

Il existe une très grande sécurité du système d'organisation de transactions et de règlement qui contribue à la bonne réputation de la place de Paris. Cette sécurité est renforcée par la présence de la Commission des opérations de Bourse (COB), souvent appelée le gendarme de la Bourse.

La COB a été créée en 1967 pour veiller à la protection de l'épargne (et de l'épargnant), à l'information des investisseurs (vous-même) et au bon fonctionnement des marchés financiers. L'augmentation des produits et du nombre des transactions a conduit le législateur à renforcer ses pouvoirs depuis 1989. Son président est nommé en Conseil des ministres pour une durée de six ans. Son mandat n'est ni révocable ni renouvelable. La nomination des neuf autres membres qui composent la commission renforce ses pouvoirs et son indépendance.

Connue pour ses recherches sur les délits d'initiés boursiers, la COB dispose d'un certain nombre de pouvoirs. Parmi ceux-ci figure la surveillance du marché. Ainsi, lorsqu'un mouvement sur un titre apparaît anormal comparé à son évolution habituelle, la COB peut déclencher une enquête. Elle bénéficie pour ce faire d'un ensemble d'outils informatiques qui lui permettent un suivi en temps réel des principales données du marché. Ses logiciels d'analyse digèrent ces données qui peuvent donner lieu le cas échéant à la mise d'un titre en «alerte», c'est-à-dire sous surveillance.

Si besoin est, la COB dispose d'enquêteurs qui peuvent accéder à tous les locaux professionnels et se faire communiquer tous documents sous quelque forme que ce soit et même convoquer toute personne qu'elle jugerait utile à l'enquête.

Ses décisions vont du classement du dossier aux observations, aux sanctions et à la transmission du dossier aux autorités judiciaires à des fins de poursuites.

→ La Sicovam : la gestion de la compensation

La Sicovam (Société interprofessionnelle pour la compensation des valeurs mobilières) a la double mission d'une part de conserver et d'administrer près de 20 000 titres et d'autre part de dénouer les transactions qui ont été validées à travers un système de règlement-livraison dénommé RELIT (REglement, LIvraison de Titres). Son président est également président de Paris Bourse SBF SA.

Vous constaterez très vite que chaque action, chaque titre est identifié par un code. On l'appelle le code valeur ou code Sicovam. Grâce à ce code, la Sicovam facilite la circulation des titres qui sont dématérialisés depuis la loi du 30 décembre 1981. Une mesure qui s'applique aux nouveaux titres depuis le 3 novembre 1984 : vous ne trouverez donc plus aujourd'hui d'actions sous forme papier avec les coupons prédécoupés comme on en voit encore chez les bouquinistes et les marchands de

LA BOURSE : UN LIEU DE VISITES

L'apparition des premières cotations électroniques en 1987 a sonné le glas des cotations à la criée. Le 14 juillet 1987, la « corbeille » a disparu. Aucune cotation physique d'actions n'a eu lieu depuis. Seul le Marché à terme international de France (le MATIF), installé dans les locaux de la Bourse, a maintenu jusqu'en juin 1998 des équipes de négociateurs. Ils sont également passés à l'électronique.

Alors aujourd'hui, lorsque l'on parle de Bourse, c'est à un concept et à une organisation auxquels on se réfère. La Bourse, entendez le lieu, est désormais un musée qui se visite. La ville de Paris en est propriétaire. Le concessionnaire réfléchit à son aménagement en salle de spectacle ou de conférence.

vieux papiers. Les titres n'existent désormais que sous forme informatique et chaque achat ou chaque vente fait l'objet d'un enregistrement via un système de règlement contre livraison. Ainsi vous n'en devenez propriétaire que dès lors que vous en avez réellement payé le prix. Cet organisme facilite et assure la circulation des titres et des règlements entre ses différents affiliés que sont les banques, les sociétés de Bourse et tous les autres intermédiaires qui en sont membres. La capitalisation de l'ensemble des titres conservés représentait en 1999 plus de 17 000 milliards de francs.

Comprendre le fonctionnement des actions

Avant de vous aider dans la leçon suivante à choisir votre intermédiaire et le type de compte qui sera le mieux adapté à votre tempérament et à vos objectifs, nous allons essayer de comprendre comment fonctionne le marché des actions.

■ Les sociétés de capitaux

Une société est une personne morale (par opposition à une personne physique). Il existe en droit français un choix assez large de types de sociétés

mais les sociétés cotées en Bourse sont toutes des sociétés de capitaux et prennent la forme juridique de **sociétés anonymes**.

■ Le capital d'une société anonyme

À l'exception de certaines formes juridiques de sociétés, le capital d'une entreprise est constitué de parts d'un montant nominal initial. Le capital d'une société anonyme (on dit une SA) est divisé en un certain nombre d'actions. Chaque action possède une **valeur nominale**, c'est-à-dire une valeur d'origine. Le nombre des actions et leur valeur initiale sont libres au moment de la création de la société.

À titre d'exemple, une société anonyme dont le capital est de 250 000 francs peut émettre 2 500 actions de 100 francs ou 1 250 actions de 200 francs chacune. Le produit du nombre d'actions par la valeur nominale de chaque action doit bien sûr être égal au capital.

Le nombre d'actions de la société est connu dès le départ. Il figure dans les statuts de l'entreprise qui font obligatoirement mention de son capital.

Dans l'exemple ci-dessus, il est de 250 000 francs. Si l'on divise ce capital par le nombre d'actions, on obtient la valeur nominale de chaque action : 250 000 francs divisés par 2 500 parts donnent 100 francs.

Il va de soi que la valeur de l'action va fluctuer avec la vie de l'entreprise.

■ L'évolution de la valeur de l'entreprise

Comment apprécie-t-on la valeur d'une entreprise au bout de quelques années ? La valeur d'une société qui n'est pas cotée en Bourse s'appréhende de plusieurs manières sans qu'il y ait de valorisation quotidienne.

En revanche, quand une entreprise est cotée en Bourse, c'est le marché qui fixe cette valeur, laquelle va fluctuer au gré des cotations quotidiennes. La valeur de l'action est également désignée sous le nom de **cours de Bourse**.

Prenons un exemple sur la base d'un cours au 31 décembre 1999. Ainsi, si l'action L'Oréal vaut 796,50 euros, c'est son cours de Bourse. Si vous multipliez le cours de Bourse de L'Oréal par le nombre d'actions émises, vous obtenez la valeur de l'entreprise à cette date. Le nombre d'actions (de titres) étant de 67 606 216, sur la base de 796,5 euros, l'entreprise L'Oréal valait à cette date 53,85 milliards d'euros. On appelle cette valeur la **capitalisation boursière** de l'entreprise.

Cette valeur fluctue tous les jours et aussi souvent par jour qu'il y a de transactions.

À noter que la capitalisation boursière d'une entreprise cotée en Bourse prend en compte l'ensemble des actions de l'entreprise et non uniquement celles disponibles au public par l'intermédiaire de la Bourse. Dans le cas de L'Oréal, un peu plus de 40 % du capital est dans le public.

■ Le cours de Bourse : le prix à terme de l'entreprise

Le cours de Bourse prend en compte la valeur instantanée de l'entreprise et **surtout** son potentiel futur.

Prenons l'exemple connu de Michelin. Cette entreprise a annoncé le même jour des résultats en hausse et un plan de licenciements. Ce jour-là, instantanément, le cours de Bourse de ses actions s'est envolé de 10 %. Ce ne sont pas les résultats qui ont fait progresser le titre, car ils étaient conformes aux estimations des spécialistes. Le plan de licenciements à lui seul a permis de gagner ces 10 %. Pourquoi ? Tout simplement parce qu'il signifiait à terme une diminution des charges et par conséquent une meilleure rentabilité de l'entreprise.

C'est une notion essentielle dont vous devez tenir compte. Le cours auquel vous achetez une action reflète son potentiel de croissance à moyen terme. Il suffit qu'une entreprise publie des résultats moins bons qu'attendu et le cours de Bourse sera sanctionné.

Il arrive fréquemment qu'une action monte quelques jours avant la publication de ses résultats, et baisse à leur annonce même s'ils sont conformes aux prévisions. C'est qu'il existe régulièrement une spéculation autour des résultats de sociétés. La rumeur s'accorde à penser qu'ils seront différents de ce qu'on attend, en l'occurrence meilleurs que prévu. En Bourse, il faut souvent acheter la rumeur et vendre la nouvelle. C'est une formule empruntée aux Anglo-Saxons : *« Buy the rumor, sell the news. »*

■ Appréhender le prix d'une action

Il découle du paragraphe précédent que l'anticipation du marché fait le prix de l'action et celui de l'entreprise. Il ne faut pas bien sûr acheter à n'importe quel prix. Appréhender le prix d'une action, qu'elle soit chère ou peu chère, n'est pas chose aisée. N'oublions pas que, pour une société cotée en Bourse, c'est le marché qui fixe à tout instant la valeur de l'entreprise. Le marché, c'est l'offre et la demande. Il est le reflet des conclusions des analystes financiers, des rumeurs, des déclarations des dirigeants d'entreprises, des choix stratégiques des gérants de portefeuille et de bien d'autres paramètres encore. Nous apprendrons à les évaluer à la leçon 7, votre personnalité mais aussi votre intuition feront le reste. Car, même si la Bourse est tout sauf un jeu, on dit bien « jouer en Bourse ».

Jouer en Bourse

Tout ce que nous venons de dire vous a-t-il donné envie de participer au jeu ? Quelques arguments supplémentaires devraient vous en convaincre.

■ Une très grande variété d'actions

Depuis le 4 janvier 1999, le marché actions dépasse largement le cadre hexagonal. C'est une des premières conséquences de la mise en place de l'euro. Toutes les transactions de la zone euro s'effectuent dans la nouvelle devise européenne.

C'est pour vous un avantage énorme. Vous pouvez désormais acheter des actions à Francfort, Lisbonne ou Helsinki aussi facilement qu'à Paris. Plus de devises à convertir puisque toutes les actions se négocient en euros. Tous les intermédiaires ne sont pas encore en mesure de vous apporter ce service global mais cela ne devrait plus tarder. Attention cependant aux coûts générés par des transactions sur les places étrangères : nous y reviendrons dans la leçon 4.

■ Une forte augmentation des transactions

La simplicité d'une devise unique n'est pas le seul progrès d'un marché unifié. Le marché boursier de la zone euro, à la fois par sa diversité et son poids économique, est en mesure de rivaliser avec les États-Unis et la zone asiatique. Il attire un nombre croissant d'investisseurs.

UNION ÉCONOMIQUE MONÉTAIRE ET ZONE EURO

L'Union économique et monétaire comporte quinze pays. Onze d'entre eux ont déjà accepté le traité de Maastricht et forment depuis le 1er janvier 1999 la zone euro. Ces onze pays sont l'Allemagne, l'Autriche, la Belgique, l'Espagne, la Finlande, la France, l'Irlande, l'Italie, le Luxembourg, les Pays-Bas, le Portugal.

Les quatre autres sont membres de l'Union économique et monétaire mais n'ont pas voulu (Grande-Bretagne, Suède, Danemark) ou n'ont pas pu (Grèce) intégrer l'euro pour le moment.

À Paris, en 1999, l'année de la naissance de l'euro, le volume de capitaux échangés a progressé de 35 %.

Qui dit volume en hausse dit liquidité plus abondante. Vous entendrez souvent prononcer ce terme de **liquidité**. Il traduit le fait que, sur un titre donné, le nombre des échanges quotidiens est important et qu'une opération dans un sens ou dans un autre n'entraîne pas systématiquement une forte variation du prix.

Pour mieux comprendre cet avantage, prenons un exemple inverse. Vous souhaitez acheter 200 actions sur une action à faible liquidité. À supposer que votre ordre ne soit pas limité en prix (ce qui est à déconseiller), votre intermédiaire va négocier pour vous jusqu'à ce qu'il ait réuni les 200 titres. Il lui faut donc trouver de l'offre, c'est-à-dire des vendeurs. C'est ainsi que l'on peut voir monter un titre de 10 % sans autre raison que cette recherche de vendeurs. Vous achèterez 50 titres à 20, 50 autres à 20,5, 10 titres à 21 et le reste à 22. À la fin de la séance, on constatera que le dernier cours traité est de 22 contre 20 la veille au soir, soit 10 % de progression. Dans les journaux du lendemain, on aura l'impression d'une forte hausse du titre. D'un point de vue mathématique c'est vrai mais, dans la réalité, la hausse d'une valeur de 10 % sur 200 titres n'est pas représentative. Il est très probable que, le lendemain, un ordre inverse suffise à entraîner le titre à reperdre ces 10 %. Alors que, et ce n'est pas neutre, vous aurez acheté ces 200 titres à une moyenne supérieure à 21, ce qui par rapport à une première offre à 20 est loin d'être une bonne affaire.

Il s'agit, vous l'aurez compris, d'un cas de figure assez caricatural. Suffisamment pour ne pas avoir donné de nom à cette valeur fantôme.

Néanmoins, quand vous choisissez une action, ne négligez pas ce facteur de liquidité. Il conditionne un achat et une revente plus rapides pour les actions sur lesquelles les ordres d'achat et de vente sont nombreux et à tout moment de la journée. On dit de ces actions qu'elles sont très « travaillées ». On peut ainsi acheter 200, 500 ou 2 000 actions d'une même valeur sans que l'offre bouge. C'est évidemment sur ce type d'actions que les plus gros investisseurs (en volume) viennent se positionner en premier lieu.

■ Des sources de profits récentes : les nouvelles technologies

Volume, liquidité, la qualité du marché européen se traduit également par l'apparition de valeurs nouvelles liées à ce qu'on appelle la « nouvelle économie ». En France, il y a désormais un indice qui mesure les progressions de la net économie : l'indice du nouveau marché. Déjà, on constate au début de l'année 2000 qu'aux États-Unis l'indice Dow-Jones des valeurs dites traditionnelles stagne tandis que l'indice des valeurs technologiques n'en finit plus de monter. En Europe, cette tendance est similaire.

Depuis 1998, deux entreprises sur trois qui choisissent d'être cotées en Bourse appartiennent au secteur scientifique ou au multimédia et en particulier à **Internet**. Ce sont des secteurs sur lesquels vous devez investir. La palme revient incontestablement à Internet qui en cinq ans est venu révolutionner le monde de la communication et du commerce. Quant on voit le portail américain sur Internet AOL racheter Time Warner, on comprend qu'il ne s'agit pas d'un phénomène éphémère. Nous y consacrerons une grande partie de la leçon 10.

La nouvelle économie révolutionne la notion de profit en Bourse. C'est vrai aux États-Unis depuis trois ans et cette vague déferle sur l'Europe. Sur les trois premiers mois de l'année 2000, le nouveau marché a progressé de 130 %, ce qui constitue une performance hors normes. Cette intangibilité des profits sur les valeurs liées à l'Internet dépasse la plupart des analystes. Il était en effet difficile de prévoir que l'annonce par France Télécom de la prochaine mise en Bourse de ses activités Internet provoquerait, dans la seule journée du 3 mars 2000, une progression du titre de 25 %. C'était d'ailleurs d'autant moins prévisible que l'action de l'opérateur français avait déjà réussi en un peu plus de deux années un parcours phénoménal.

À ce niveau, il est difficile de donner un conseil. La prudence élémentaire voudrait pour ceux qui possèdent ce type d'action de réaliser leur profit. Mais toutes les analyses sont désormais battues en brèche par l'arrivée de la **nouvelle économie**. La révolution du net est désormais comparée à la découverte de l'électricité. Quand on se penche sur les applications de l'électricité depuis plus d'un siècle, il y a de quoi s'enthousiasmer sur les développements possibles du « e-business ».

Quoi qu'il en soit, on devrait connaître à l'avenir des marchés très agités et pour le moins volatiles, c'est-à-dire capables dans une même semaine de performances à la hausse et à la baisse. La correction boursière du début du printemps 2000 en est un premier exemple fort. D'où la nécessité d'être particulièrement mobile dans ses choix. Nous y reviendrons dans les prochaines leçons. Les **biotechnologies** et en particulier le génie génétique sont également à surveiller. Leurs applications seront plus lentes car la recherche prend du temps, mais d'ores et déjà un bon nombre

---

UNE BELLE PERFORMANCE

L'exemple de la société Axfin cotée à Paris est éloquent. Il s'agit d'une « petite entreprise » créée en 1997 et spécialisée dans le courtage en ligne sur Internet. Peu de gens avaient entendu parler de cette société avant son introduction en Bourse en 1999. Depuis, elle s'est fait connaître des investisseurs. L'introduction s'est faite sur la base de 9 euros l'action. Deux mois plus tard, le cours s'était envolé à 60 euros, soit près de 600 % de progression. Une belle performance pour les rares investisseurs qui avaient pu s'en procurer. Et plus encore pour les trois créateurs de ce concept qui depuis ont revendu l'entreprise au groupe allemand Consors.

---

d'entreprises de ces secteurs font l'objet d'une immense convoitise. C'est aussi dans ces domaines que se trouvent les fortunes de demain.

La vôtre, peut-être.

2

Avant d'acheter des actions

Avant d'acheter des actions, il faut ouvrir un compte.
Chez qui allez-vous l'ouvrir et sous quelle forme ?
Ce sont des questions importantes qui vont déterminer
les conditions dans lesquelles vous allez par la suite
passer vos ordres. Puis nous verrons
comment fonctionnent les cotations des actions
et comment passer un ordre efficacement.

Le choix d'un compte : PEA ou compte titres ordinaire ?

Acheter et vendre des actions entraîne un double mouvement d'espèces et de titres : il vous faut donc obligatoirement ouvrir un compte titres chez un intermédiaire en ayant la capacité. (voir encadré page 30).
Le choix d'un compte pour agir en Bourse se résume à un PEA ou un compte titres ordinaire.

■ Un compte PEA

PEA signifie plan d'épargne en actions. Le PEA a été conçu au début des années quatre-vingt-dix pour financer le développement des entreprises françaises. En échange, une fiscalité avantageuse était accordée au titulaire du compte.
Chaque contribuable ou chacun des époux, dans le cas d'une imposition commune, peut ouvrir un plan d'épargne en actions à condition d'être domicilié fiscalement en France.
Comment fonctionne un PEA ? Il s'agit d'un compte bloqué, à la manière d'un plan d'épargne classique. Le versement que vous pouvez effectuer est limité à 600 000 francs par personne et 1,2 million de francs par couple à condition toutefois d'ouvrir deux comptes. En terme de montants,

ce n'est pas négligeable. D'autant que cette limite ne concerne que vos versements. Si votre plus-value dépasse ces niveaux, cela n'a pas d'importance. Mais vous ne pouvez pas retirer de l'argent investi dans un PEA sauf à le

---

À SAVOIR

Ouvrez un plan d'épargne en actions même si vous ne vous en servez pas tout de suite. On vous demandera généralement d'y verser 3 000 francs (et encore, ce n'est pas une obligation légale). Vous n'êtes pas obligé d'acheter la moindre action. Mais, vous l'aurez compris, l'exonération fiscale se calcule à partir de la date d'ouverture de compte et non de celle à laquelle vous effectuez des achats et des ventes. En schématisant, vous pourriez ouvrir un PEA, le laisser dormir pendant huit ans et faire une transaction gagnante le dernier jour. Cette opération serait exonérée dès le lendemain. À l'inverse si vous ouvriez un PEA pour faire cette même opération, elle ne bénéficierait de l'exonération fiscale qu'au bout de huit ans. C'est une astuce à savoir que généralement votre banquier vous signalera.
Autre élément à connaître ; le plan d'épargne en actions est une disposition législative. Il revêt une forme unique quel que soit l'établissement ou vous l'ouvrez. Si vous changez de banque, vous pouvez transférer le plan. Votre intermédiaire dépositaire de votre compte ne peut s'y opposer.

fermer par anticipation. Attention, car dans ce cas vos plus-values seront fiscalisées plus ou moins fortement selon la date de clôture.

→ Avantages

– Fiscalité nulle à l'échéance hormis les prélèvements sociaux. Lorsque les PEA ont été mis en place en 1992, il était prévu une exonération fiscale totale. Depuis, plusieurs types nouveaux de prélèvements sont venus se superposer les uns aux autres, vous n'échapperez donc pas aux 10 % de contributions fiscales en vigueur à savoir :
• 2 % de prélèvement social ;
• 7,5 % de CSG ;
• 0,5 % de CRDS…
– Épargne forcée.
– Possibilité de casser le plan en cas de besoin absolu des fonds.

→ Inconvénients

– Seules les actions émises par des sociétés françaises sont admises. C'est donc pour le moins restrictif. Les titres admis en général (on dit éligibles) sont les suivants :
• actions non cotées émises par des sociétés anonymes françaises ou des SARL ;
• actions de SICAV détenant au moins 60 % de sociétés françaises ;
• idem pour des Fonds communs de placement avec 75 % de titres français.

UN ÉLÉMENT À RECONSIDÉRER

À l'heure de la mondialisation le plan d'épargne en actions semble un peu restrictif car il ne peut recevoir que des achats de valeurs françaises. Le législateur réfléchit actuellement à quelques aménagements car d'ores et déjà plusieurs sociétés cotées sur le CAC 40 ont installé leur siège social à l'étranger. Comment traiter également le cas d'une entreprise française « avalée » par une société étrangère ? Si l'on s'en tient aux textes il faudrait exclure à posteriori ces titres dont les plus-values pourraient être requalifiées.
Dans la pratique, une certaine tolérance est d'ores et déjà de mise. Mais des modifications plus substantielles sont à venir qui devront tenir compte de ces paramètres et de la recherche d'une harmonisation fiscale européenne. Le PEA est un produit franco-français mais il n'est pas interdit d'espérer qu'il soit élargi aux actions de la zone euro.

– Les opérations à effet de levier ne sont pas autorisées. Cela signifie : pas de ventes à découvert ni de reports. Les warrants ne sont pas autorisés.
– Fiscalité indirecte à travers les prélèvements sociaux. Quel en sera le taux dans 10 ans ?
– Le transfert de titres est interdit, c'est-à-dire qu'un titre affecté sur un compte titre ne peut être transféré sur un PEA et réciproquement.

On reviendra aussi dans la leçon 9 sur la fiscalité des plans d'épargne en action en fonction des différentes dates de cession.

■ Le compte titres ordinaire

L'ouverture d'un compte titres ordinaire est une démarche plus souple. Il fonctionne en liaison avec votre compte principal. Il comporte deux parties : l'une pour les titres et l'autre pour les espèces : on distingue ainsi un compte espèces et un compte titres.

Si vous ouvrez votre compte titres chez votre banquier habituel, le compte espèces se trouve sur votre compte courant : les débits et les crédits liés à vos opérations s'intercalent au milieu de vos opérations usuelles.

Si vous ouvrez un compte chez un intermédiaire, le fonctionnement en deux parties est le même mais la partie espèces est bien évidemment distincte de votre compte bancaire. Vous aurez donc à virer chez l'intermédiaire de l'argent pour régler vos investissements de Bourse.

Quelle que soit la teneur du compte, le prélèvement des sommes est immédiat pour les achats au comptant et se fait le dernier jour du mois pour les achats différés sur le règlement mensuel. Pour ce dernier, l'ensemble des opérations effectuées au cours du mois boursier sont compensées : on additionne les

achats et les ventes, les débits et les crédits ; le mouvement d'espèces ne se produit que sur le solde net des opérations du mois.

LES DIFFÉRENTS INTERMÉDIAIRES BOURSIERS

La loi du 2 juillet 1996 ne distingue plus que deux types d'intermédiaires : les établissements de crédit comme les banques, la poste ou les caisses d'épargne et les intermédiaires agréés dont font partie les sociétés de Bourse et les sociétés de gestion.

Cette classification juridique n'est pas essentielle pour vous. En revanche, il vous sera utile de les distinguer par leur fonction. Car s'il y a profusion d'intermédiaires en particulier via Internet, tous ne jouent pas le même rôle.

Les *transmetteurs d'ordres* ne sont pas habilités à ouvrir de compte et par conséquent à recevoir des titres et des espèces. Ils sont chargés de transmettre les ordres d'achat ou de vente aux *négociateurs sur le marché* chez qui votre compte est ouvert. Les principales fonctions de ces derniers sont, outre l'ouverture de votre compte, la tenue de celui-ci à travers l'exécution de vos ordres, le paiement ou la livraison des titres (via Clearnet, filiale de Paris Bourse SBF SA) et la conservation de ceux-ci (via des comptes ouverts à la Sicovam).

→ **Avantages**

– Souplesse par opposition au PEA : un compte ordinaire permet de disposer immédiatement de l'argent en cas de besoin, il n'est pas bloqué.
– Mouvement d'espèces simplifiés chez votre banquier.

→ **Inconvénients**

– Fiscalité dissuasive.
– Les mouvements d'espèces sur votre compte courant ne facilitent pas la lecture d'une performance globale.

CONSEIL

En matière de compte, le meilleur équilibre est de disposer d'un compte PEA pour les opérations françaises et les opérations à long terme. Vous choisirez un compte titres ordinaire pour y négocier des actions étrangères ou des produits dérivés des actions comme les options ou les warrants ainsi que les opérations à effet de levier sur le règlement mensuel.

Les critères de choix d'un intermédiaire

C'est un vaste débat qui ne se résume pas uniquement à des questions de coûts de transactions.
Votre banquier ou votre intermédiaire, quels qu'ils soient, doivent vous apporter un réel service. C'est d'autant plus important que vous êtes néophyte en la matière. Et plus vous allez apprendre, plus la qualité du service va se révéler un élément déterminant dans votre choix.

Dans un premier temps, le plus simple est d'ouvrir un compte titres ou un plan d'épargne en actions là où se trouve votre compte principal. Il est de plus en plus rare qu'une banque n'assure pas un service Bourse. L'enjeu en termes financiers est trop important pour qu'elle s'en dispense. Et même si votre banque n'assure pas directement ce service, elle dispose généralement d'une société de Bourse dont elle est actionnaire et qui est déléguée à ces opérations.

Si vous n'avez pas ce choix, ouvrez un compte directement dans une société de Bourse ou chez un intermédiaire agréé (vous en trouverez une liste à la leçon 10). La palette est large et les conseils y sont généralement de qualité. Un grand nombre de ces intermédiaires disposent également d'un accès Internet.

Répétons-le : votre banquier doit, au moins dans un premier temps, vous permettre de démarrer efficacement. Au fur et à mesure, vous allez vous rendre compte de vos besoins et de vos priorités. Ils sont de trois ordres : les tarifs, l'accessibilité et les informations proposées.

En fonction de vos besoins, vous choisirez ou non de changer d'intermédiaire.

■ Les tarifs

À l'époque des agents de change, les tarifs n'étaient guère modulables, les différents agents ayant un monopole sur les courtages. Aujourd'hui, la compétition entre les différents intermédiaires joue largement en votre faveur. L'arrivée du courtage en ligne par Internet a encore permis de diminuer sensiblement les frais liés aux transactions. Ces frais sont de natures diverses. Il faut les détailler pour pouvoir les comparer.

→ Les tarifs de transaction

Les tarifs de transaction s'appellent également **frais de courtage**. Ce sont les frais que vous allez payer à chaque fois que vous passez un ordre.

Les tarifs de courtage sont souvent exprimés hors taxe. Pour les comparer,

---

ATTENTION

Les ordres que vous passez, même s'ils ne peuvent être exécutés, sont généralement payants. La raison en est simple : les intermédiaires payent au système de transmission d'ordres une redevance sur chaque ordre transmis, qu'il ait été réalisé ou non. Il est d'une certaine façon logique qu'elle vous soit refacturée. Néanmoins, selon le nombre de transactions mensuelles que vous effectuez, cette facturation peut disparaître.

---

prenez la tarification TTC (la TVA sur les opérations de Bourse est de 19,6 %). Ils dépendent de la façon dont vous allez passer vos ordres :
– les tarifs généraux pour des ordres passés au téléphone se situent vers 1,00 %. Ce taux s'applique au montant de chaque acquisition. Sur des montants trop faibles, on vous appliquera un forfait qui au global peut rendre votre investissement particulièrement coûteux. Par exemple, si vous achetez 100 titres Sodexho à 155 euros, vous devrez débourser 15 500 euros plus le courtage de 155 euros soit au total 15 655 euros. Le coût de revient unitaire de vos titres sera donc de 156,55 euros ;
– si vos ordres sont passés par Minitel ou sur Internet, les tarifs de courtage peuvent être beaucoup moins chers. Il est cependant difficile de donner un tarif moyen compte tenu des différentes dégressivités qui peuvent s'appliquer. La fourchette des tarifs s'étale de 0,50 % à 0,80 %, mais certains accès sont payants à travers un abonnement ;
– en dehors de ces tarifs de base, votre intermédiaire vous facturera différemment les reports de titres (voir leçon 3) et les passages d'ordres sur les marchés étrangers. Ces derniers peuvent être assez onéreux car ils font appel le plus souvent à un intermédiaire supplémentaire ;
– une tarification particulière vous sera appliquée si vous débouclez dans la journée un achat : vous achetez le matin

et vous revendez le soir. Cette opération s'appelle un **day trade**. En règle générale, on ne vous facturera qu'une commission à l'achat. La revente (on dit aussi le retour) sera franco.

→ Les droits de garde

Une fois par an, vous devrez acquitter ce que l'on appelle les droits de garde. Aujourd'hui, les titres sont «dématérialisés» (depuis 1984): ils n'apparaissent plus sous forme papier comme les emprunts d'autrefois. Et pourtant, vous allez payer des frais pour la garde de vos titres tout au long de l'année civile. Négociez! Ces frais ne sont pas fixes, ils peuvent être ramenés au minimum.

Les droits de garde sont donc payables annuellement, mais parfois tous les trimestres ou quadrimestres. Ils représentent un pourcentage de l'encours moyen de votre portefeuille. Ils sont en général de 0,20 % à 0,25 % (négociables, répétons-le). Au-delà d'un certain volume, votre courtier vous les offrira.

À noter qu'il n'existe pas de droits de garde sur les SICAV de votre banque.

■ L'accessibilité

Pour des questions de coûts, votre intermédiaire aura tendance à vous diriger vers le Minitel ou Internet. Prendre un ordre par téléphone nécessite un investissement en temps et en hommes plus important et donc plus coûteux.

Privilégiez cependant les ordres par téléphone. La plupart des intermédiaires (banques, sociétés de Bourse, etc.) disposent de cet accès; même les courtiers en ligne ont un accès téléphonique pour pallier les délais parfois trop longs de connexion ou de transmission des ordres. Vous bénéficierez directement d'un contact avec un professionnel qui vous guidera ou vous fera préciser vos ordres.

Faites-le parler. Les intermédiaires sont des points de passage obligés. Ils centralisent l'ensemble des ordres qu'ils reçoivent et les inscrivent dans un système informatique d'où ils peuvent voir le carnet d'ordres. Le carnet d'ordres (voir ci-dessous), c'est la profondeur du marché: il indique sur chaque titre les principales offres et demandes en prix et en volume. Vous saurez ainsi si l'ordre que vous souhaitez donner a une chance réelle de passer.

N'hésitez pas à demander à votre interlocuteur où se trouve la demande, à quel niveau sont les meilleurs acheteurs, si le marché est plutôt acheteur ou vendeur, et surtout quelle est la meilleure fourchette sur le titre que vous voulez acquérir. Car vous ne disposez probablement pas d'un outil vous permettant de savoir ce que vaut le marché à un instant donné. Entre la clôture de la veille qui est publiée par votre quotidien et le cours du moment, les écarts peuvent se révéler énormes. Il n'est pas si simple de gagner de l'argent en Bourse, alors commencez par bien acheter.

■ Les services

Ce sont sur les frais et sur les services que les professionnels de la Bourse font le plus de publicité. Ils vous proposent une information financière digne des salles de marché des professionnels. On en reparlera à la leçon 7 mais, d'ores et déjà, il n'est pas inutile de préciser quelles sont les offres utiles en matière d'information.

L'idéal est de disposer d'un carnet d'ordres et de suivre l'évolution de la Bourse en « live » pour passer ses propres ordres : c'est une question de disponibilité. Internet est très certainement le mode d'information le plus complet (voir leçon 10), mais l'accessibilité n'est pas toujours facile, cela prend du temps et c'est souvent payant. C'est pour cela que l'information téléphonique que peut vous communiquer votre intermédiaire est essentielle si vous ne disposez pas de beaucoup de temps.

Quelles sont les principales informations utiles ? Elles se jugent sur la qualité bien sûr, sur la rapidité et la mise à jour.

Certains courtiers proposent sans supplément de mettre à la disposition de leurs clients les nouvelles diffusées par l'agence Reuters. Cette agence est numéro un mondial pour l'information financière. Cela peut paraître indigeste au premier abord mais il s'agit d'une information triée et adaptée à vos besoins.

Sur le même thème, d'autres intermédiaires diffusent quotidiennement des flashs d'info financière et de recherche sur le web ainsi que sur support Audiotel (08 36 68…) ou Minitel. Vous pouvez surtout y trouver des listes de valeurs sélectionnées avec les analyses qui s'y rapportent.

Choisissez le système le moins contraignant compte tenu de votre environnement professionnel ou personnel.

■ Comment passer un ordre : le principe des cotations

■ Qu'est-ce qu'une cotation ?

Il y a plusieurs méthodes pour passer des ordres en Bourse. Pour le faire efficacement, il faut avoir compris le principe des cotations des instruments financiers. Ne croyez pas que cette explication soit inutile et simpliste. Bien appréhender les techniques de fixation des prix sera un atout.

Une cotation, c'est une fourchette de prix. Une fourchette à deux dents : un prix à l'achat et un prix à la vente.

Pour mieux saisir ce que cela signifie, prenons un exemple du quotidien, et imaginons que vous désiriez acheter un kilo de carottes. Le prix est affiché : 6,90 francs. C'est le prix du vendeur. Celui-ci part du principe que c'est le prix que vous acceptez de payer. Autrement dit, le prix de l'acheteur et du vendeur se rejoignent et ne font plus qu'un : nous sommes dans un système de gré à gré. Si en revanche vous négociez le prix du kilo et que vous refusiez de payer plus de 6,60 francs, vous créez une fourchette de prix : prix acheteur : 6,60 francs ; prix vendeur : 6,90 francs.

En Bourse, les cotations sont ainsi faites. Il y a en permanence un prix à l'achat et un à la vente. Tant que ces deux prix ne se rejoignent pas, il n'y a pas de cours traité, il n'y a pas de cotation. La différence est que vous êtes sur un marché organisé : alors que le prix des carottes sur l'étal voisin peut être de 6,50 francs, la valeur du titre Alcatel à un instant donné en un lieu donné est unique, les arbitragistes surveillent les écarts pour tenter d'en profiter (voir encadré).

Poursuivons avec l'exemple d'Alcatel. La fourchette de prix en euros est de 245/246,5.

Vous voulez acheter : qu'est-ce que ces

L'ARBITRAGE DE PLACE

De plus en plus d'actions sont cotées sur plusieurs places internationales. C'est le résultat à la fois de la mondialisation des marchés et des multiples nationalités de certaines entreprises. Il existe donc à un instant donné la possibilité qu'une action ait à Paris et à New York, pour un temps très bref, une valeur différente. C'est une des facettes du métier d'arbitragiste que d'essayer de profiter de ces éventuels décalages. En éliminant les frottements liés au risque de change et à une fiscalité différente, cela voudrait dire qu'il est possible d'acheter 100 actions de France Télécom à Paris et de les revendre au même instant à New York avec un gain. Les arbitragistes profitent de ces possibles décalages et concourent à rétablir l'équilibre.

---

chiffres signifient pour vous et que devez-vous faire ?

Ayez tout d'abord à l'esprit que vous allez intervenir essentiellement sur un marché coté en continu de 9 heures à 17 h 30 (voir leçon 3). Cette fourchette de prix sera valable pendant 10 secondes, peut-être moins, jusqu'à ce qu'un cours soit traité et qu'une autre apparaisse.

Deux possibilités s'offrent à vous :
– vous tenez absolument à réaliser cet achat (on suppose que le volume de

titres proposés correspond à vos besoins) : dans ce cas, vous passez un ordre à 246,5 euros. C'est-à-dire que vous payez l'offre qui est affichée sur l'écran. Le prix vendeur et le prix acheteur se confondent : votre ordre est réalisé ;

– vous ne voulez pas acheter à 246,5 euros. Vous passez un ordre à 245. Le fait de passer un ordre d'achat à ce prix ne veut pas dire qu'il va être exécuté : d'une part, vous n'êtes pas le premier à le proposer et d'autre part, il suffit que quelqu'un passe un ordre à un cours supérieur pour qu'il passe avant vous. Pour que vous achetiez réellement ces actions, il faut que le vendeur à 246,5 euros descende son prix à 245 euros, ou bien qu'une tierce personne vienne vendre ses actions Alcatel à 245.

Toutes les actions sont cotées de cette façon. Sur les écrans spécialisés des intermédiaires, il est également possible de voir le carnet d'ordres. Ce sont tous les ordres à l'achat inférieurs au prix de 245 euros et tous les ordres vendeurs supérieurs à 246,5 euros. Cela permet à votre intermédiaire de vous donner la tendance instantanée sur un titre : y a-t-il beaucoup d'ordres en carnet à la vente ou à l'achat ? Le marché est-il plutôt acheteur ou plutôt vendeur ? Ces indications vous éviteront de surpayer un titre inutilement ou, à l'inverse, vous

inciteront à acheter au cours offert (le cours vendeur).

C'est la raison pour laquelle il est important de bien préciser le type d'ordre que vous passez.

■ Les différents types d'ordres sur le marché des actions

Il existe une grande variété d'ordres différents, et leur utilisation n'a pas la même finalité. Il est donc nécessaire de bien les maîtriser.

→ L'ordre à cours limité

Il est raisonnable de mettre un cours plafond lorsque vous passez un ordre d'achat (il en est d'ailleurs de même à la vente).

Il vaut donc mieux fixer un ordre à cours limité. Votre intermédiaire a l'autorisation de négocier pour vous tant que ce cours n'est pas dépassé. Au-dessus, vous ne serez pas exécuté. Le risque est de ne pas réaliser votre ordre si le marché décale trop vite, mais l'avantage est de limiter votre achat à un certain prix et par conséquent de ne pas surpayer une action.

Prenons un exemple :
Le cours du titre Air Liquide vaut 152/154 (il y a donc un acheteur prêt à payer 152 euros et un vendeur désireux de céder ses titres à 154 euros).

Voyons le carnet d'ordres :

Situation avant l'achat

ACHAT		VENTE	
Nombre de titres	Prix	Nombre de titres	Prix
100	152	100	154
120	151,5	300	154,5
40	150	40	155
300	149,5	120	156
100	149	100	156,5

Vous souhaitez acheter 500 titres. Vous limitez votre ordre à 155 euros. Votre intermédiaire va vous acheter 100 titres à 154, 300 titres à 154,5 et 40 titres à 155. Stop ! Il doit s'arrêter à ce cours. Il vous manque donc 60 titres. L'intermédiaire va se porter acquéreur de 60 titres à 155. En face de lui, le vendeur se situera à 156 pour 120 titres. La nouvelle fourchette de cours sur ce titre sera alors 155/156.

Situation après l'achat partiel
(à supposer qu'aucun autre ordre ne se soit déclaré)

ACHAT		VENTE	
Nombre de titres	Prix	Nombre de titres	Prix
60	155	120	156
		100	156,5

→ **L'ordre au prix du marché**

Si vous passez un **ordre dit « au marché »**, il est prioritaire dans la mesure où il ne comporte pas de prix limité. Mais il passe après les ordres à tout prix. Si vous passez l'ordre d'achat (ou de vente) « au marché » avant l'ouverture de la Bourse, il n'y a donc pas de marché. Cette logique conduit à transformer cet ordre en ordre à cours limité, la limite étant le cours d'ouverture.

Si le même ordre est présenté en cours de séance, il sera traité au prix de la meilleure offre pour un ordre d'achat et au prix de la meilleure demande pour un ordre de vente.

Les inconvénients de ce type d'ordre sont cependant doubles. D'une part votre ordre peut être fractionné ; d'autre part vous ne maîtrisez pas totalement le coût global de votre opération.

Pourquoi ? Tout simplement parce que, si vous souhaitez acheter 200 titres et que la meilleure offre n'en propose que 40, votre ordre ne sera exécuté que pour 40. Les 160 autres titres figureront dans le carnet d'ordres au prix du dernier cours traité mais en attente. Si le marché continue de monter, il est possible que votre ordre ne soit donc réalisé que pour cette partie.

Quel impact cela a-t-il sur le coût global de votre achat ? Si par chance l'ensemble de l'achat est réalisé, il se peut que ce soit en plusieurs lignes ; les 40 premiers puis éventuellement 16 lignes de 10 titres supplémentaires. À chaque ligne correspondent des frais fixes. Plus il y a de lignes et plus le coût global est cher.

Prenons un exemple :

Situation de départ

ACHAT		VENTE	
Nombre de titres	Prix	Nombre de titres	Prix
50	114	40	114,1
30	113,95	20	114,15
100	113,9	100	114,2
20	113,85	75	114,25
10	113,8	10	114,3
80	113,75	30	114,35

Situation après le passage en séance d'un ordre d'achat «au prix de marché» pour 100 titres

ACHAT		VENTE	
Nombre de titres	Prix	Nombre de titres	Prix
160	114,1	20	114,15
50	114	100	114,2
30	113,95	75	114,25
100	113,9	10	114,3
20	113,85	30	114,35
10	113,8	100	114,4

Dans ce cas précis, l'acheteur reste à la demande à 114,1 pour 60 titres et ne sera servi pour un plus grand nombre de titres voire la totalité que si l'un des vendeurs consent à baisser son prix.

→ L'ordre à tout prix

L'ordre à tout prix doit être traité quoi qu'il arrive, **c'est-à-dire à n'importe quel prix**. Imaginez une vente aux enchères. Vous devez acquérir un objet quel qu'en soit le prix. Vous montez sur chaque enchère jusqu'à être le dernier. Au final, vous avez l'objet, le prix n'est que secondaire. C'est la même chose sur ce type d'ordre de Bourse : votre intermédiaire n'a pas de notion de moyen mais juste une obligation de résultat, celle de réaliser l'achat (ou la vente). Parce qu'il est prioritaire, ce type d'ordre peut conduire le titre à monter (dans le cadre d'un achat) ou à baisser (s'il s'agit d'une vente) jusqu'à sa limite autorisée par les autorités de régulation (Paris Bourse SA). Sur les principales valeurs, cette limite est de 10 % par rapport à la clôture de la veille (à la hausse comme à la baisse). Une fois cette limite atteinte, le marché est fermé pour quelques minutes. Il n'est plus possible de traiter. À la réouverture, votre ordre continue de courir s'il n'a pas été totalement exécuté.

On voit rapidement les avantages et les inconvénients d'un tel ordre : d'un côté, la certitude de le réaliser, mais de l'autre : à quel prix ?

On l'utilise pour dénouer une position (vendre un achat initial ou l'inverse : voir leçon 3) sur le règlement mensuel le jour de la liquidation, pour être certain qu'il soit exécuté avant la clôture.

Reprenons le même exemple :

ACHAT		VENTE	
Nombre de titres	Prix	Nombre de titres	Prix
50	114	40	114,1
30	113,95	20	114,15
100	113,9	100	114,2
20	113,85	75	114,25
10	113,8	10	114,3
80	113,75	30	114,35

Résultat de l'achat à tout prix :

40 titres achetés à	114,1
20 titres achetés à	114,15
100 titres achetés à	114,2
40 titres achetés à	114,25

Soit une moyenne hors frais de 200 titres à 114,185.

Voyons le carnet d'ordres après cet achat :

ACHAT		VENTE	
Nombre de titres	Prix	Nombre de titres	Prlx
50	114	35	114,25
30	113,95	10	114,3
100	113,9	35	114,35
20	113,85	100	114,4
10	113,8	100	114,45
50	113,7	100	114,5

Le carnet d'ordres a par ailleurs évolué puisqu'il fait (dans ce cas) apparaître les six meilleures offres et demandes. La meilleure fourchette de prix reste alors 114/114,25.

→ **L'ordre tout ou rien**

Il permet d'éviter les exécutions partielles de titres. Il s'applique sur les titres à petit prix ou à faible liquidité. Leur exécution en plusieurs fois entraînerait des frais de courtage disproportionnés. Il faut se souvenir en effet que les frais de courtage sont proportionnels aux opérations traitées mais qu'ils donnent lieu à la perception d'un minimum. Ce forfait peut être aussi coûteux que le prix de l'action elle-même.

Par exemple : un ordre d'achat sur Eurotunnel. C'est une valeur à petit prix, environ 1,5 euro. Si vous passez un ordre pour 1 000 titres et qu'il n'est exécuté que pour 10 titres, vous allez payer 10 fois 1,5 euro soit 15 euros. Les frais de courtage sont de 1 % avec un minimum de 15 euros. Au total votre achat vous aura coûté 30 euros, ce qui ramené au cours de l'action vous l'a fait acheter à 3 euros au lieu de 1,5 euro.

L'ordre tout ou rien est particulièrement adapté sur des marchés étroits comme le nouveau marché, mais son exécution n'est possible que si la quantité de titres est disponible sur le marché.

Prenons un exemple sur la base du carnet précédent, un achat de 200 titres tout ou rien à 114,20.

ACHAT		VENTE	
Nombre de titres	Prix	Nombre de titres	Prix
50	114	40	114,1
30	113,95	20	114,15
100	113,9	100	114,2
20	113,85	75	114,25
10	113,8	10	114,3
80	113,75	30	114,35

Au vu du carnet d'ordres il n'y a pas sur le carnet initial assez de volume pour réaliser l'ordre d'achat de 200 titres tout ou rien. Au mieux, on pourrait acquérir 40 titres à 114,1, 20 titres à 114,15 et 100 à 114,20. Il manquerait encore 40 titres. Dans un premier temps c'est donc « rien » pour l'acheteur. Son ordre s'inscrit en réserve.

Quelques minutes plus tard, le vendeur de 75 titres à 114,25 décide d'abaisser ses prétentions à 114,20.

Le carnet d'ordres se présente ainsi :

ACHAT		VENTE	
Nombre de titres	Prix	Nombre de titres	Prix
50	114	40	114,1
30	113,95	20	114,15
100	113,9	175	114,2
20	113,85	10	114,3
10	113,8	30	114,35
10	113,75	20	114,4

Il permet de réaliser l'ordre tout ou rien en achetant :

40 titres à	114,1
20 titres à	114,15
140 titres à	114,2

Le nouveau carnet se présente ainsi :

ACHAT		VENTE	
Nombre de titres	Prix	Nombre de titres	Prix
50	114	35	114,2
30	113,95	10	114,3
100	113,9	30	114,35
20	113,85	20	114,4
10	113,8	90	114,45
80	113,75	85	114,5

La meilleure fourchette est donc 114/114,20.

→ L'ordre stop

Ce type d'ordre s'appelle également **ordre à seuil de déclenchement**.

Vous avez acheté des actions Cap Gemini à 200 euros. Entre-temps le cours est monté à 255 euros. Vous ne souhaitez pas vendre mais vous êtes soucieux d'un éventuel retournement de marché qui écornerait vos gains (potentiels). Vous allez donner à votre courtier un ordre de vente « stop » à 230 euros. Rassurez-vous : il ne va pas vendre immédiatement à 230 euros une valeur qui en vaut 255. Mais, en cas de baisse du marché, si à un instant donné l'action Cap Gemini touche le cours de 230 euros, votre ordre de vente se déclenche. Mais attention : cet ordre de vente se transforme alors en ordre à tout prix. Vous êtes certain de le réaliser mais vous ne savez pas à quel prix. Pour éviter de vendre à «n'importe quel prix», vous pouvez passer un **ordre à plage de déclenchement**. Pour reprendre l'exemple précédent vous donnez à votre courtier un ordre de vente sur Cap Gemini 230/210. Cet ordre va fonctionner comme un ordre stop et s'activer si le cours de l'action touche 230 euros. Mais votre ordre se désactivera si le cours touche 210 et que vous n'avez toujours pas vendu.

L'avantage de ce type d'ordre par rapport à un simple ordre à seuil de déclenchement est de poser une limite de prix à la vente. Mais l'inconvénient est de voir votre ordre ne se réaliser que partiellement si le cours vient à chuter en dessous de la limite basse.

→ **L'ordre à révocation (la validité des ordres)**

Un ordre à révocation est valable jusqu'à la fin du mois civil pour les ordres au comptant ou jusqu'au jour de liquidation pour les ordres du règlement mensuel.

Ce type d'ordre est une manière de résoudre la question suivante : quelle est la validité d'un ordre ? c'est-à-dire : faut-il laisser en place un ordre qui n'a pas été exécuté le jour même ?

La question est d'importance. Quand vous passez votre ordre vous devez en effet préciser s'il est valable pour la journée ou en «permanence». Dans le premier cas, votre ordre sera annulé en fin de séance en totalité ou pour la partie non exécutée. Dans le deuxième cas, il sera repris à la séance suivante ; on parle alors d'ordre à révocation : vous pouvez le limiter à une date précise sachant que, de toute façon, un ordre à révocation est annulé d'office à la fin du mois calendaire (le dernier jour ouvré du mois) ou à la fin du mois boursier (voir calendrier boursier en annexe) pour le règlement mensuel (voir leçon 3).

En règle générale, laissez des ordres à révocation.

3

Les compartiments d'actions

Plus de 1000 actions différentes sont cotées
à la Bourse de Paris. Pour se repérer, le marché est classé
en compartiments : il en existe trois principaux,
chacun d'entre eux fonctionnant selon des règles
spécifiques. Par ailleurs, le marché est composé d'indices
pris parmi ces compartiments.
Les ordres que vous allez passer devront tenir compte
de ces particularités. Comment s'y repérer ?
Cette leçon a pour but de vous y aider.

Les marchés de titres de la Bourse de Paris

Il existe à Paris plusieurs marchés distincts. Ce sont des compartiments d'actions qui évoluent chacun avec ses propres règles et ses spécificités. Pour intervenir efficacement, il est indispensable que vous en connaissiez le fonctionnement.

■ Le premier marché : règlement mensuel et comptant

Le premier marché regroupe les plus prestigieuses entreprises cotées en France. Elles sont environ 400 ; les principales, c'est-à-dire les plus liquides, font partie du « règlement mensuel » et bénéficient d'une procédure d'achat et de vente différente. Parmi ces valeurs figurent les « blue chips » ; ce sont les valeurs stars de la bourse. C'est ainsi qu'on appelle les valeurs vedettes aux États-Unis.

→ Les conditions d'appartenance au premier marché

Les critères d'appartenance au premier marché sont au nombre de deux :
– la capitalisation boursière de l'entreprise doit être supérieure à 200 millions d'euros (1,2 milliard de francs). Cela veut dire que le cours de Bourse multiplié par le nombre d'actions doit dépasser 200 millions d'euros. À titre d'exemple, la capitalisation boursière de la plus grosse entreprise française, France Télécom, est d'environ 170 milliards d'euros sur la base d'un cours de bourse de 170 euros ;
– il faut qu'au moins 25 % des actions de l'entreprise aient été mises sur le marché, c'est-à-dire soient disponibles en Bourse. Ces actions forment ce que l'on appelle le « flottant ». Plus le flottant est important, et plus l'action a de chances d'être liquide. La liquidité, c'est le volume : plus un titre est liquide, et plus les échanges quotidiens sont nombreux. La liquidité d'un titre est bien souvent un des premiers critères d'intervention des gérants de portefeuille. Rappelez-vous que la liquidité d'un titre est une des conditions nécessaires pour bien acheter et bien revendre. Plus il y a de titres, c'est-à-dire d'actions en circulation, et plus il vous sera facile de les acquérir au prix que vous souhaitez.

→ Les spécificités du premier marché

Ces deux critères sont majeurs pour vous. Mais les avantages que vous allez pouvoir tirer du marché du règlement mensuel sont ailleurs. En effet, les titres les plus liquides bénéficient d'une possibilité de paiement différé en fin de mois : c'est le principe du règlement mensuel. Toutes les autres valeurs se paient au comptant.

Le règlement mensuel possède donc une caractéristique unique sur le marché des actions en France : le paiement des actions que vous achetez a lieu une fois par mois à date fixe selon un calendrier préétabli. Il existe donc la possibilité d'un paiement différé d'un mois sur l'autre. Mieux encore, les positions peuvent être portées à crédit d'un mois sur l'autre grâce au système des reports ou des déports.

Dans les paragraphes qui suivent, nous allons vous décrire les caractéristiques du règlement mensuel (on dit le RM) alors même que le calendrier de l'année 2000 le fait disparaître (officiellement le 22 septembre). La raison en est simple ; le mécanisme qui remplace le système de règlement différé en reprend les principales caractéristiques, à savoir l'effet de levier et la possibilité de reporter les positions.

■ Un effet de levier

Sur le règlement mensuel, l'année est divisée en douze mois boursiers. Le règlement des opérations s'effectue à l'issue de chaque mois boursier : il est donc différé. Cette échéance, le dernier jour du mois de Bourse, s'appelle la **liquidation**. Elle intervient réglementairement le sixième jour ouvré avant la fin du mois calendaire. Il vous est donc possible d'acheter des titres au début d'un mois boursier et de les revendre avant la fin de ce même mois sans avoir

eu besoin de décaisser l'argent nécessaire pour l'achat. Si, entre l'achat et la vente, le titre a gagné 10 %, vous encaissez en fin de mois la plus-value d'une opération sans en avoir déboursé le prix. De la même manière, quand vous pensez qu'une action va baisser, par le règlement mensuel il vous est théoriquement possible de la vendre en début de mois (sans même la posséder) et de la racheter dans le mois boursier. Si vous la rachetez à un cours inférieur au cours de vente, là encore vous profiterez de la différence et encaisserez un gain.

UN RISQUE SPÉCULATIF

Cette possibilité de vendre à découvert que l'on retrouve sur tous les marchés à terme du monde est toutefois limitée par votre intermédiaire en raison du risque spéculatif qu'elle comporte. On peut en effet imaginer que le marché ne prenne pas la direction que vous souhaitez (si, si, cela arrive !). Si vous achetez à découvert, on vous demandera de payer votre achat en fin de mois, un point c'est tout. Mais si vous vendez à découvert, on vous demandera de livrer des titres que vous ne possédez pas : la situation est gérable, bien évidemment (voir ci-dessous), mais ce n'est pas ce qu'il y a de plus simple.

L'avantage du règlement mensuel est donc son effet de levier. Mais votre intermédiaire vous demandera une garantie financière minimale pour pouvoir en bénéficier. Elle est variable selon l'intermédiaire, mais elle représente en général 20 à 30 % de votre investissement.

Si vous achetez par exemple en début de mois 100 titres Alcatel à 250 euros, vous devrez payer en fin de mois 25 000 euros. En attendant, il suffit qu'il y ait sur votre compte titres environ 6 000 euros disponibles pour qu'on vous laisse acheter.

Attention cependant : le règlement mensuel est une facilité de paiement et ne doit pas être **systématiquement** utilisé pour déboucler des opérations dans le mois. Profiter du fait que dans un même mois boursier un titre ait progressé pour le revendre est une option, ce ne doit pas devenir une règle, en particulier dans le cadre d'un PEA. Ce n'est pas une technique de gestion permanente.

Le dernier jour du mois boursier, le jour de la liquidation, plusieurs possibilités s'offrent à vous selon votre position de départ.

– Premier cas de figure : vous avez acheté des titres. Vous pouvez soit les revendre soit les payer :

• si vous les revendez, la position de votre compte n'indiquera que la différence entre le cours d'achat et le cours de revente. Ce sera soit un gain, soit une perte. Vous avez dénoué votre posi-

tion. Exemple : vous avez acheté le 5 janvier 100 titres Air France à 20 euros. Le jour de la liquidation, le cours d'Air France est de 24 euros. Vous décidez de revendre. Vous n'avez pas eu besoin de payer réellement 100 fois 20 soit 2 000 euros pour acquérir les titres. Vous avez dénoué votre position : elle laisse apparaître sur votre compte un gain de 4 euros multiplié par 100 titres, soit 400 euros (hors frais) ;

• si vous décidez d'acheter les titres, vous en paierez le prix au cours de Bourse auquel vous les aurez acquis durant le mois boursier : on appelle cette opération **lever les titres**. Vous les réglerez en fin de mois. Si par hasard vous décidez le lendemain de la liquidation de les revendre, vous aurez quand même à les payer à la fin du mois. Votre opération de revente n'interviendra que sur le mois suivant. On ne peut dénouer une position sans en payer le prix principal qu'à l'intérieur d'un mois boursier. La complexité est que le mois boursier n'est pas exactement le mois calendaire. Le calendrier boursier figure sur tous les journaux spécialisés.

– Deuxième cas de figure : vous avez vendu des titres. Soit vous les livrez (ce qui suppose de les avoir), soit vous les rachetez le jour de la liquidation, ce qui dénoue votre position. Votre compte n'affichera que la différence entre le prix de vente et le prix de rachat. Si l'on reprend l'exemple précédent d'Air France, vous seriez perdant en dénouant l'opération le jour de la liquidation. Mais si vous ne dénouez pas l'opération, alors il faut livrer les titres. Les avez-vous réellement? Si oui, vous n'aurez que le regret d'avoir vendu trop tôt, mais cela arrive à tout le monde: «On ne meurt pas d'avoir vendu trop tôt», dit un vieux dicton. Si vous n'avez pas les titres, alors le troisième cas de figure vous est particulièrement conseillé.

– Troisième cas de figure: vous pouvez reporter ou faire reporter vos positions. Ce troisième cas mérite d'être explicité plus longuement. C'est une manière de faire du crédit. Mais, comme tout crédit, ce n'est pas nécessairement donné.

■ LE REPORT ET LE DÉPORT: LA POURSUITE DU CRÉDIT

Le règlement mensuel permet de reporter sur le mois suivant le paiement de titres à l'échéance d'un mois boursier jusqu'au mois suivant.

Concrètement, cela signifie que si, à l'approche d'une liquidation, vous ne souhaitez pas dénouer votre position ni lever ou livrer les titres, vous pouvez décider de reporter sur le mois boursier suivant votre achat ou votre vente et continuer ainsi de vivre à crédit. Mais, comme tout crédit, celui-ci a un coût. C'est le **report**. Il prend la forme d'un intérêt calculé mensuellement sur chaque valeur en fonction du nombre de titres reportés à l'achat.

Il n'est pas possible de prévoir d'un mois sur l'autre le coût du report ou du déport d'un titre.

En effet, ce n'est pas parce que la position est acheteuse un mois donné qu'elle le sera le mois suivant. En règle générale, les acheteurs paient le report aux vendeurs parce qu'ils sont plus nombreux; c'est logique, c'est le sens naturel de la Bourse. Il peut cependant arriver que ces positions à l'achat et à la vente soient équilibrées et rende presque nul le coût du report

Comment procéder? Vous devez annoncer à votre intermédiaire vos intentions au moment de la liquidation. Si vous ne le faites pas et que vous êtes acheteur, vous aurez automatiquement à payer les titres en fin de mois. Vous devez donc vous manifester:

– en tant qu'acheteur, vous demandez à votre intermédiaire de *faire reporter vos positions*;

– en tant que vendeur, vous donnez l'ordre de *reporter vos positions*.

Reporter et *faire reporter*: la différence d'énoncé n'est pas grande mais les conséquences d'une erreur peuvent vous coûter cher. Soyez précis.

Le **coût du report**, on l'a vu, peut être nul mais en général il n'est pas gratuit. Dans quels cas est-il utile de se servir du report?

EXEMPLE DU CALCUL D'UN REPORT

Le taux d'intérêt du report ou du déport est calculé le lendemain du jour de liquidation, par rapport au taux du loyer de l'argent au jour le jour plus ou moins une marge. Si le taux de l'argent au jour le jour est de 4,00 %, le taux du report sera de 4,00 % +0,25 % par exemple. Concrètement, prenons l'exemple de titres Vivendi que vous avez achetés au règlement mensuel de mai à 80 euros. Chaque mois, le jour de la liquidation, Paris Bourse détermine un cours de référence sur chaque titre. C'est le premier cours traité de la journée, appelé *cours de compensation*. Il va servir de base aux opérations de déport ou de report. Au mois de mai, la compensation des titres Vivendi se fait sur la base de 85 euros. Le report vous coûtera: 85 x 4,25 % 12 soit 0,30 euro par titre (le taux de 4,25 % est un taux annuel; or il s'agit d'un règlement mensuel, il convient donc de le diviser par 12).

Après le report, votre position évolue de la manière suivante: vous vendez à 85 euros les titres achetés à 80. Vous encaissez donc la différence entre ces deux cours moins les frais. Vous rachetez sur juin vos titres à 85 euros, plus le report, c'est-à-dire au cours de 85,30 euros. Votre nouvelle position jusqu'à la fin du mois boursier de juin est acheteuse à 85,30 euros mais vous avez encaissé sur votre compte 5 euros (85 – 80). Au total, par rapport à votre position initiale du mois de mai, vous n'avez déboursé réellement que 0,30 euro.

– pour les positions vendeuses, reporter sa position est une façon d'attendre que le cours de l'action baisse encore si l'on n'a pas encore atteint son objectif de gain;

– pour les positions acheteuses, faire reporter sa position évite d'avoir à payer effectivement des titres; c'est une manière d'acheter à crédit. Mais attention, on l'a vu, ce crédit n'est pas gratuit. En plus du coût du report calculé par Paris Bourse et qui n'est pas négociable, votre intermédiaire vous facturera des frais sur cette opération. Un courtage de l'ordre de 0,30 % est à prendre en compte avec généralement un minimum de l'ordre de 10 euros. Attention donc au coût final qui peut se révéler dans certains cas prohibitif. Ce crédit ne doit pas non plus être permanent; au bout de quelques mois, d'ailleurs, votre intermédiaire vous obligera à acheter définitivement votre position ou à la liquider. Encore une fois, le règlement mensuel autorise des facilités quant au paiement des titres mais ce n'est pas un système de gestion permanent.

Dans les deux cas, n'oubliez pas de prendre en compte l'aspect fiscal de l'opération de report qui n'est pas neutre car reporter ou faire reporter sont des opérations de cession: on verra en détail dans la leçon 9 leur impact fiscal.

Le paiement différé est une spécificité du règlement mensuel. Les autres titres du premier marché sont donc payables au comptant.

Mais avec la disparition du règlement mensuel, ce sont tous les titres du premier marché sans exception qui devraient mécaniquement devenir payables au comptant.

■ LE SERVICE DE RÈGLEMENT DIFFÉRÉ
Officiellement, le règlement mensuel disparaît dans le cadre de l'harmonisation européenne. C'était en effet une spécificité française. Cependant, il représentait des enjeux suffisamment forts pour que le législateur lui trouve un système de remplacement qui en garde la philosophie.

Paris Bourse SBF SA a donc mis en place le service de règlement différé qui permet toujours à un investisseur de bénéficier à la fois d'un paiement à terme et d'une possibilité de report.

Mais alors, où se situe la différence ? Tandis que le RM était un compartiment de marché à part entière, ce sera désormais votre intermédiaire et non plus le marché directement qui vous permettra de profiter de ces services.

Au niveau des avantages, il faut y voir le maintien d'un système d'effet de levier à l'image d'un marché à terme et la possibilité de trouver sur les places étrangères des procédures identiques. Au niveau des inconvénients, c'est le surcoût d'une telle opération qui risque de faire grincer des dents. En effet puisque, au niveau du marché, c'est-à-dire au niveau de Paris Bourse SBF SA, il n'y a plus de découvert, votre intermédiaire va directement vous consentir ce découvert qui bien sûr ne sera pas gratuit.

Ce service va donc devenir réellement payant, mais pour un coût variable selon les différents établissements intermédiaires. Une fois encore, la concurrence va jouer à plein.

■ Le second marché

Depuis 1983, le second marché regroupe des entreprises de taille moins importante en leur permettant d'accéder en Bourse. Pour en bénéficier, il faut que 10 % minimum du capital soit introduit en Bourse et que la valeur de l'entreprise soit comprise entre 10 et 15 millions d'euros.

Le second marché est en quelque sorte l'antichambre du premier marché

■ Le nouveau marché

Le nouveau marché est le troisième compartiment du marché. Le nouveau marché est né en février 1996. Il a été créé pour que de jeunes entreprises à fort potentiel de croissance, que l'on appelle des « **start up** », y trouvent les fonds nécessaires à leur croissance

LE MARCHÉ LIBRE

Il existait jusqu'en juillet 1998 un marché hors cote pour les entreprises qui ne remplissaient pas les conditions de liquidité et d'information suffisantes à l'égard du public.

Il subsiste aujourd'hui un marché libre qui, comme son nom l'indique, ne dispose pas des règles de protection de la cote officielle. Il s'agit donc de titres qui n'ont pas été admis sur l'un des marchés réglementés de la Bourse de Paris.

La protection des investisseurs ne dépend que de la bonne volonté des dirigeants de ces sociétés. Il est très risqué d'acheter des actions sur ce type de marché sauf à très bien connaître la société qui y est cotée. Pour la plupart ce sont des sociétés à qui l'accès aux autres marchés a été refusé par les autorités de tutelle (entreprises trop récentes, faible capital, etc.).

À manier avec une prudence extrême.

Enfin, signalons pour être complet que les valeurs radiées des marchés réglementés font l'objet pendant six mois encore après leur radiation d'une cotation sur un compartiment de valeurs radiées. Au-delà, elles disparaissent de la cote.

cotées « les deux premières valeurs du CAC 40 dans quinze ans ». C'est probablement vrai mais, pour le moment, les résultats sont mitigés. Après plus de quatre années d'existence, les performances des actions cotées restent médiocres. On y trouve, il est vrai, de belles *success stories* comme Fi system ou Valtex mais sur la grosse centaine d'entreprises inscrites, le bilan reste maigre. C'est un marché très spéculatif sur lequel la prudence est de mise. Le risque y est beaucoup plus élevé que sur n'importe quel autre compartiment de marché. Votre intermédiaire vous mettra en garde : il vous fera signer un document vous informant de ces risques.

Pourquoi ? Parce que les sociétés du nouveau marché sont des entreprises jeunes dont on dit qu'elles ont un avenir mais dont on sait aussi et surtout qu'elles n'ont pas de passé. Cette absence d'historique pour jauger leur valeur est leur principal inconvénient. Un autre inconvénient est facile à envisager. La liquidité sur les titres cotés est assez faible. Certains titres se traduisent même par une absence totale de cotations sur quelques séances de Bourse. Il est donc difficile d'acheter dans les meilleures conditions.

Pour bien profiter de ce marché, choisissez donc plutôt des organismes de placements collectifs (voir leçon 5). À l'intérieur d'une SICAV, se trouvent

grâce au marché boursier. En levant des fonds, elles accélèrent leur développement. C'était en tout cas le souhait du ministère des Finances. Pour Dominique Strauss-Kahn il se trouve sans doute parmi les sociétés qui sont

L'ACCIDENT DE SERP RECYCLAGE

Cet exemple illustre malheureusement que moins une action est connue et plus la surprise peut être brutale. C'est ce qui est arrivé à cette jeune société spécialisée dans le recyclage des déchets. Entreprise dans l'air du temps, elle a vu peu à peu les capitaux se porter vers elle. Parmi les entreprises inscrites sur le nouveau marché, elle faisait figure de star et sa progression avait été très remarquée depuis sa mise sur le marché. Des résultats erronés issus de malversations comptables ont obligé Paris Bourse à suspendre provisoirement le titre afin d'y voir plus clair. Serp Recyclage annonçait des profits ; ses résultats réels étaient des pertes. Dans ces cas-là, il n'y a rien à faire qu'à attendre puisque de toute façon il n'y a aucun cours traité.

Après plusieurs longues semaines d'interruption, Paris Bourse a organisé la reprise des cotations sur ce titre. Il a fallu une semaine de cotations pour qu'un cours d'équilibre puisse être trouvé à 1 euro, alors que le jour de la suspension l'entreprise cotait 107 euros. Si vous aviez eu 100 titres de cette société (ce qui d'ailleurs ne paraissait ni absurde ni déraisonnable), votre capital aurait chuté de 70 200 francs à 655 francs.

Depuis, SERP tente de remonter lentement la pente. Elle vient d'être rachetée au printemps 2000. Sa cotation reste menacée.

rassemblées un ensemble de sociétés diverses, ce qui mutualise votre risque. Si vous souhaitez investir en direct sur une entreprise du nouveau marché, n'y mettez pas plus de 5 % de votre portefeuille et passez des ordres limités dans le temps et dans le prix.

Enfin, vous pouvez toujours tenter votre chance lors des introductions en Bourse de nouvelles sociétés. C'est généralement assez payant dans un premier temps. Mais attention, car le flottant mis sur le marché est bien souvent faible et les investisseurs institutionnels acquièrent la très grande majorité des titres. Vous risquez de vous retrouver avec 3 titres là où vous en aviez demandé 50 ou 100. Les frais incompressibles peuvent alors être supérieurs au montant de votre acquisition : on en arrive à une situation absurde où même avec 100 % de hausse sur le titre, vous ne rentrez pas dans vos frais.

Paris Bourse SA est conscient de ces dysfonctionnements d'ensemble du marché et devrait sous peu prendre les mesures qui s'imposent. Surveillez bien ce marché. Il va évoluer favorablement. Son potentiel est très élevé.

D'ores et déjà, il bénéficie de la présence tout au long de la journée de « market makers ». Ce sont des teneurs de marché qui ont l'obligation d'afficher une fourchette de prix permettant une cotation permanente des titres, ce qui en facilite la liquidité.

UN MARCHÉ « HIGH TECH »

On trouve sur le nouveau marché une majorité de sociétés liées à la téléphonie, à Internet et au multimédia, même si d'autres domaines aussi disparates que la coiffure, la recherche aurifère ou les articles de pêche y figurent. Cette dominante d'entreprises « high tech » fait d'ailleurs réfléchir les pouvoirs publics qui envisagent de créer un compartiment exclusivement réservé aux valeurs technologiques cotées à Paris aussi bien au règlement mensuel, au comptant, au second marché et bien sûr au nouveau marché. L'exemple en ce domaine nous vient d'Allemagne. Le Neuer Markt allemand est l'équivalent du nouveau marché français. Lancé après lui (en mars 1997), il est aujourd'hui le premier en Europe. Le choix de départ repose sur une double idée. Ne prendre que des entreprises de taille respectable et leur faire signer une charte d'engagement les obligeant à une transparence des informations et des méthodes comptables. Si ce pacte est rompu, l'entreprise est rayée de la cote. Le système semble fonctionner. La capitalisation boursière du Neuer Markt dépasse désormais 50 milliards d'euros alors que la place parisienne n'atteint pas encore les 10 milliards. Il existe aujourd'hui un réseau européen du nouveau marché qui associe les différentes places qui se sont positionnées sur ce secteur : Paris, Francfort, Amsterdam (Nmax), Bruxelles (Belgium) et le dernier-né sur le marché italien de Milan, le Nuovo Mercato. Dans le cadre de l'harmonisation européenne, le choix s'élargit. Mais les analystes reprochent encore le manque d'information fiable sur ces entreprises dont les méthodes de communication sont le plus souvent basiques.

Les indices de la Bourse de Paris

Outre le classement en compartiments, Paris Bourse SA a créé, pour mesurer la progression du marché, des indices spécifiques. Le CAC 40 est le plus connu et le plus suivi parmi une gamme d'une dizaine d'indices distincts : « Le CAC 40 a gagné aujourd'hui 2 % ; il est passé de 6 000 points à 6 200 points », aurez-vous déjà entendu.

C'est Paris Bourse SA qui assure la cotation de ces indices. Mais comment fonctionnent-ils et quels avantages pouvez-vous tirer ?

■ Le CAC 40

CAC signifie aujourd'hui « Cotation assistée en continu » mais, à l'origine de sa création, le 31 décembre 1987, les trois lettres se rapportaient à la « Compagnie des agents de change » qui n'existe plus de nos jours.

Le CAC 40 est l'indice vedette de la Bourse de Paris. Il représente un échantillon de 40 valeurs choisies parmi les 100 plus grosses capitalisations, c'est-à-dire les plus grosses entreprises cotées à Paris. On y trouve tous les poids lourds : France Télécom, Total-Fina, L'Oréal, Vivendi, Suez, Lyonnaise, Canal plus, etc.

> ## QUI DÉCIDE DES VALEURS ADMISES AU CAC 40 ?
>
> C'est un Conseil scientifique des indices, indépendant de Paris Bourse SA, qui décide des entrées et sorties des valeurs du CAC. L'échantillon des valeurs est révisé périodiquement. Le Conseil se réunit au moins quatre fois par an. La SBF (Société de Bourses françaises, nom juridique de Paris Bourse SA) ne communique plus depuis quelques années le nom des membres de ce conseil de manière à éviter les risques éventuels de pression.
>
> La composition du CAC 40 est comme la vitrine d'un magasin, elle doit refléter le plus exactement possible la tendance du marché. Bouygues qui était sorti de l'indice y est revenu en 1999 grâce à la reprise économique et à sa filiale TF1 en remplacement d'Eridania Beghin dont le volume et le poids n'étaient plus jugés suffisants. TFI elle-même est entrée au CAC 40 le 10 mai 2000 en remplacement de la société Legrand.

La progression de l'indice se mesure en points. Le jour de sa création, l'indice valait 1 000 points. Il a passé pour la première fois la barre des 6 000 points le 3 janvier 2000 : tout un symbole… Il ne s'agit pas d'une simple moyenne arithmétique. Elle est pondérée par le poids de chacune des différentes valeurs qui sont très hétérogènes. Ainsi, France Télécom pèse pour environ 11 % dans l'indice CAC 40 alors que Lagardère ne représente que 0,75 %. À progression équivalente, le poids de France Télécom dans l'indice est donc près de 15 fois supérieur à celui de Lagardère. Prenons un exemple. Si France Télécom progresse de 4 % et que les autres valeurs ne bougent pas, la hausse du CAC 40 sera de 4 % multiplié par 11 % soit 0,44 %. Si Lagardère monte de 4 % et que les autres valeurs sont stables, la progression du CAC ne sera que de 4 % multiplié par 0,75 % soit 0,03 %.

Cela montre l'importance de la pondération de chaque valeur. C'est aussi la raison pour laquelle le Conseil scientifique des indices, qui décide des entrées et sorties du CAC 40, s'efforce qu'il y ait toujours les valeurs les plus représentatives à l'intérieur de l'indice pour que le poids de chacun demeure homogène.

■ Les indices élargis

Si le CAC 40 est sa vitrine, le magasin de la Bourse propose d'autres indices qui répondent au besoin des investisseurs et des gérants de portefeuilles. Le SBF 120 et le SBF 80 sont des indices élargis. SBF signifie Société des bourses françaises (c'est l'ancien nom de Paris Bourse SA). Ces deux indices sont composés de valeurs du règlement mensuel du comptant et du second marché cotées en continu.

Quel est le lien entre le CAC 40 et ces deux indices ? Ils fonctionnent comme des poupées russes : les valeurs du CAC 40 plus celles de l'indice SBF 80 donnent la composition de l'indice SBF 120.

En élargissant encore un peu, on trouve un indice SBF 250 composé des 120 valeurs du SBF 120 auxquelles s'ajoutent 130 valeurs regroupées par secteurs économiques.

On pourrait encore citer d'autres indices représentatifs d'un certain type de marché : l'indice du second ou celui du nouveau marché. On peut également évoquer le Midcac, indice créé en 1995 et qui regroupe un centaine d'entreprises françaises de taille moyenne qui sont cotées au moins 175 séances dans l'année.

■ À quoi servent les indices ?

Le CAC 40 et les autres indices mesurent donc un échantillon d'actions. Leur progression reflète celle des actions qui les composent. Exprimés en pourcentage, ils ne traduisent cependant pas nécessairement l'évolution quotidienne de toute la Bourse de Paris. Pour reprendre l'exemple précédent, une hausse de 2 % du CAC 40 ne veut pas forcément dire que toute la Bourse a progressé d'autant.

Mais le CAC 40 par exemple représente un tel volume de transactions qu'il est représentatif de l'évolution du marché boursier à Paris. Le volume d'activité quotidien moyen de la Bourse de Paris est désormais de 3 milliards d'euros : plus des deux tiers proviennent de transactions sur les valeurs du CAC 40.

LES « FAUSSES ÉTRANGÈRES »

Au cours de l'été 1999, le Conseil scientifique des indices a fait entrer dans l'indice la société Equant. Il s'agit d'un opérateur de services de télécommunications destiné aux entreprises. En termes de capitalisation, Equant se situe aux alentours de la quinzième place. Il représente environ 2,25 % de l'indice. Son activité dans les télécommunications n'est pas non plus étrangère à son entrée dans le saint des saints. En revanche, il s'agit d'une société de droit néerlandais dont le siège administratif se situe à Genève même si une majorité de salariés travaille à Paris. Equant, qui est également coté sur le Nasdaq américain, a choisi volontairement d'être coté à Paris pour la qualité de la place française plutôt qu'à Amsterdam.

Le choix d'avoir introduit Equant dans l'indice numéro un de la Bourse de Paris traduit l'internationalisation du CAC 40 dont trois des valeurs sont des « fausses étrangères » comme on les appelle.

Les indices servent de repères aux gérants de SICAV. Si vous investissez directement dans une SICAV vous disposez d'un choix très large : il y en a plus de 1 000 différentes. Comment juger de leur rendement ? Comparez leur résultat annuel, c'est-à-dire leur politique de gestion, aux indices : une SICAV-actions a intérêt à faire aussi bien voire mieux que le CAC 40.

Vous pouvez vous aussi comparer la performance de votre portefeuille à celle du CAC 40. Vous aurez ainsi une bonne évaluation de vos choix par rapport aux références du marché.

■ Horaires de cotations et limites de fluctuations

■ Les horaires de cotation

Depuis le 3 avril 2000, la Bourse de Paris a étendu ses heures d'ouvertures de 9 heures du matin à 17 h 30 le soir. Ce n'est qu'un début qui vise à une harmonie européenne des heures de cotation. Mais on en est encore assez loin. Pour autant, cela ne signifie pas que vous puissiez acheter des actions de 9 heures du matin à 17 h 30. C'est vrai sur certaines valeurs et pas sur d'autres. En fonction de la liquidité des titres, c'est-à-dire de l'importance des ordres, Paris Bourse a classé l'ensemble des valeurs par groupes de cotations. Elle a

également réglementé les limites quotidiennes de fluctuations des cours. Ces limites dépendent de la liquidité des titres.

→ Groupes continus A ou B

Sur les valeurs les plus importantes, la cotation est continue pendant les heures d'ouverture :
– entre 7 h 45 et 9 heures, les ordres s'accumulent dans l'ordinateur central de cotation Super CAC et sont enregistrés et classés sur ce que l'on appelle une « feuille de marché » ;
– à l'ouverture, à 9 heures, l'ensemble des ordres est confronté, ce qui permet de calculer un prix d'équilibre sur lequel peut se faire l'échange du plus grand nombre de titres ;
– à partir de 9 heures et jusqu'à 17 h 30, les transactions sont continues. Le fixing de clôture a lieu à 17 h 35.

Sur ces titres, il y a en permanence des acheteurs et des vendeurs. Il s'agit de la plupart des valeurs du règlement mensuel, du comptant et de certaines valeurs du second marché. Concrètement, cela veut dire qu'un ordre passé à votre banque à 11 h 10 peut être exécuté instantanément, s'il est en mesure de passer. L'exécution se traduit par l'entrée de votre ordre dans les systèmes informatiques de la banque reliés à la Bourse. Chaque nouvel ordre provoque une nouvelle fourchette de prix ou enrichit le carnet d'ordres.

Ce nouvel ordre entraînera une nouvelle cotation dès lors qu'il existera un ordre en sens contraire compatible avec celui qui vient d'être rentré.

La liquidité attire la liquidité. C'est un des grands effets mécanique de la Bourse. Plus les échanges sont importants sur une valeur et plus le titre apparaît sur le devant de la scène. Il intéresse alors encore davantage les investisseurs étrangers qui se positionnent à leur tour sur ce titre. Et ainsi de suite. Ce phénomène est particulièrement vrai sur les valeurs du CAC 40. Elles peuvent connaître une cinquantaine d'échanges par minute. À chaque fois qu'un ordre d'achat rencontre un ordre de vente, cela provoque un échange de titres. Les volumes traités sur les plus grandes valeurs peuvent atteindre 150 millions d'euros par jour. Des volumes qui doivent aussi au fait que les grandes valeurs de l'indice font également partie des indices européens majeurs.

L'écart en volume entre les grandes valeurs et les autres a naturellement tendance à s'accroître.

→ Groupes fixing A

Pour ces valeurs dont la liquidité est moindre, la confrontation des ordres ne s'effectue que deux fois par jour à 11 h 30 et 16 heures. Chaque confrontation se traduit par une cotation. C'est ce qu'on appelle un fixing ou fixage. Dans la pratique, votre ordre d'achat

---

COMMENT SAVOIR SI JE SUIS EN TRAIN D'ACHETER UN TITRE EN CONTINU OU EN FIXING?

Les principales publications hebdomadaires font mention des valeurs cotées en continu et des titres cotés au fixing. Votre intermédiaire est capable également de vous fournir ce renseignement.

---

donné à 9 h 30, même s'il est transmis immédiatement dans les ordinateurs, ne sera confronté, comme tous les autres ordres, à l'offre et à la demande qu'à 11 h 30 précises. Vous ne saurez pas avant cette heure s'il a pu être réalisé. La raison de cette méthode limitative, c'est la relative faiblesse des échanges de titres sur ces valeurs. L'approche d'achat sera donc très différente selon que vous vous trouvez dans un marché en continu ou dans un marché au fixing.

→ Groupes fixing B

Le principe est identique mais le fixing est unique à 15 heures. Il ne concerne que les valeurs du marché libre.

■ Les variations de cours autorisées

Les variations de cours ont des limites quotidiennes qui sont fixées par Paris Bourse. Mais, dans le cas d'une annonce exceptionnelle sur un titre, Paris Bourse SBF SA peut être amenée à suspendre momentanément un titre ou à en limiter les fluctuations. La fluctuation d'un titre n'est pas infinie à la hausse comme à la baisse.

Pour les valeurs du groupe de cotation «A», la cotation est suspendue pendant 15 minutes si le titre varie de plus de 10 % à la hausse ou à la baisse par rapport au cours de clôture de la veille. Pendant ces 15 minutes, il n'est pas possible de traiter quel que soit le prix.

Passé ce délai, de nouvelles bornes de fluctuation de 5 % à la hausse et à la baisse sont autorisées par rapport au cours précédent. Et ce dans une limite à la hausse de 21,25 % à la hausse et 18,75 % à la baisse par jour.

Sur les groupes de cotation «B» le principe est le même mais les pourcentages de variation sont plus faibles. Le premier seuil se situe à 10 % de variation par rapport au cours de clôture de la veille. À ce moment la cotation du titre est suspendue pour 30 minutes. À la

---

L'EXCEPTION ALCATEL

Le **17 septembre 1998**, à la suite de résultats jugés décevants, certains fonds de pensions américains décident de se séparer immédiatement de leurs titres Alcatel et ce à n'importe quel prix. Il s'agit là d'un ordre au marché : je vends quoi qu'il arrive !

Dans ce cas précis, l'afflux d'ordres était tellement massif que même avec une baisse de **10 %** aucune transaction ne pouvait avoir lieu. Paris Bourse a alors décidé d'élargir les bandes de fluctuation du titre de manière à ce que l'action trouve un cours d'équilibre. Après plusieurs tentatives infructueuses, le titre a enfin été coté vers 14 heures et a terminé la journée en baisse de **38 %**.

Dans un cadre normal, la cotation aurait été suspendue après constatation de la baisse de **18,75 %**. Mais, dans ce cas, la décision de Paris Bourse était motivée par deux aspects : d'une part, le titre appartenait au CAC 40 et l'indice devait sous peine d'être faussé répercuter ce mouvement. D'autre part, il montrait aux investisseurs anglo-saxons, toujours soucieux de la liquidité d'un titre, que la place de Paris était une place crédible.

Pour la petite histoire, le titre Alcatel a mis près d'un an à retrouver son niveau initial. Ce genre d'événement peut à nouveau se produire. Ne paniquez surtout pas car aujourd'hui le volume généré par les fonds de pension américains (ceux qui gèrent les retraites) peut entraîner des mouvements de forte amplitude.

La preuve : le **18 mai 2000**, à l'annonce de résultats décevants, le titre Equant (qui fait partie du CAC 40) a plongé de **21 %**, puis encore **16 %** le lendemain.

Ces accidents démontrent que même sur ce type de valeurs «de poids», une forte volatilité est possible *et devrait se reproduire*. La prudence commande donc de limiter vos investissements sur des valeurs individuelles. La *mutualisation des risques* sera toujours une bonne stratégie.

reprise, une nouvelle plage de variation de 2,5 % à la hausse comme à la baisse est autorisée avec une limite maximum de 10,25 % à la hausse et de 9,765 % à la baisse.

Pour les groupes à fixing, la variation autorisée est de 5 % à 11 h 30 par rapport au précédent fixing et à nouveau 5 % à 16 h 30 par rapport au fixing de 11 h 30.

4

Acheter des actions étrangères

Il faut vous habituer dès à présent à raisonner
sur plusieurs marchés boursiers à la fois. Pourquoi?
Parce que les investisseurs internationaux interviennent
en fonction de zones géographiques et plus seulement
de places isolées. La capitalisation de la Bourse de Paris
a dépassé à la fin 1999 1 000 milliards d'euros.
Elle doit cette performance aux investisseurs étrangers
qui y réalisent plus de 80 % des transactions.
La médiatisation des marchés boursiers internationaux
est relayée par ses indices. Qui a pu échapper à l'évolution
du Dow-Jones ces dernières années? L'indice de la Bourse
américaine rythme la progression des autres places.
Parmi les ténors, on doit également citer l'indice japonais,
le Nikkei 225, même si la perspective en termes
d'investissement dans cette zone est plus diffuse.
Cette leçon détaille le fonctionnement des principales
places boursières mondiales à travers leurs indices
et aborde également le cas des marchés émergents dont
certains seront à n'en pas douter des leaders de demain.

Le premier marché boursier du monde

■ Le Dow-Jones: poumon de la Bourse mondiale

L'indice Dow-Jones est le plus célèbre indice du monde. Il regroupe 30 valeurs industrielles et, à l'instar du CAC 40, se veut représentatif du marché américain. Mais son rayonnement est mondial. On pourrait difficilement imaginer qu'une Bourse en Europe progresse si le Dow-Jones se mettait à baisser durablement. On a coutume de dire que quand la Bourse américaine éternue, les Bourses européennes s'enrhument.

La performance de l'économie américaine dans les années quatre-vingt-dix explique en partie cette omniprésence de l'indice américain. Il valait près de 2 000 points avant le crack de 1987 et « seulement » 4 000 le 23 février 1995. Depuis, sa progression est presque verticale. Le 16 juillet 1997, soit moins de deux ans et demi plus tard, il avait doublé. Le cap des 10 000 points a été franchi le 29 mars 1999. Cap mythique qui devait marquer une résistance solide à toute progression ultérieure. Deux mois après, il passait allègrement les 11 000 points. Et ainsi de suite.

La croissance américaine qui ne se dément pas depuis presque douze ans n'explique pas tout. La capitalisation

QUI A CRÉÉ LE DOW-JONES ?

L'origine de cet indice remonte à la fin du siècle dernier. Deux journalistes américains, Charles-Henri Dow et Edward Jones ont l'idée de créer leur propre agence de presse. Elle existe toujours aujourd'hui. Dès 1884, ils ont l'idée de créer un échantillon de onze valeurs, dont neuf sociétés de chemin de fer et deux valeurs industrielles, dont ils prennent le cours de clôture et le divisent par onze. Le premier indice est né. À force de perfectionner leur méthode, ils finissent en 1916 par publier un indice des douze valeurs industrielles dont le calcul est un peu plus élaboré même s'il ne tient pas compte des capitalisations boursières. L'indice est définitivement lancé. Il sera porté à trente valeurs à partir de 1928. C'est sous cette forme qu'il est connu aujourd'hui.

Parmi les titres d'origine, un seul a survécu aujourd'hui : General Electric. En 1999, une véritable révolution a soufflé sur le Dow-Jones qui a fait entrer des valeurs technologiques comme Microsoft ou Intel au détriment de monstres historiques comme Sears Roebuck ou Caterpillar.

boursière américaine dépasse 13 000 milliards de dollars, ce qui est largement supérieur au PIB américain. Chaque mouvement sur la Bourse américaine provoque désormais un déplacement de la monnaie américaine au point que les économistes internationaux démontrent aujourd'hui chiffres à l'appui que la progression du dollar est liée directement à celle de la Bourse. Un investissement sur deux sur un marché boursier est libellé en dollars. 50 % des transactions se font sur une seule monnaie et la majeure partie d'entre elles sur le territoire américain. L'arrivée en force d'Internet n'a fait qu'accentuer ce phénomène. La part du web dans le PIB américain est désormais supérieure à celle des compagnies aériennes et le Nasdaq, l'indice des valeurs technologique, a triplé en moins de deux ans.

■ Le Nasdaq: l'indice de référence des valeurs technologiques

Si, en Europe, les indices de valeurs technologiques n'en sont encore qu'à leur balbutiements, le Nasdaq (National Association of Securities Dealers Automated Quotation) fait désormais figure d'antichambre du Dow-Jones. Mieux encore, il est en volume le premier marché américain devant l'indice phare.

Sa composition est essentiellement constituée de valeurs à forte croissance: biotechnologie, informatique, Internet et télécommunications. En tout près de 5 000 valeurs dont 10 % environ ne sont pas américaines. Certaines sociétés

françaises par exemple ont choisi de se faire coter sur le Nasdaq. On y trouve ainsi Dassault Systèmes ou Genset, une société spécialisée dans la recherche génétique.

Le système de fonctionnement du Nasdaq diffère de celui du Dow-Jones proche du CAC 40. Il est entièrement automatisé (ce qui n'est pas le cas du DJ qui fonctionne encore à la criée) et s'appuie sur un système de teneurs de marchés (une soixantaine) qui assurent la liquidité des titres. Les ordres sont exécutés par les teneurs de marchés, et non pas à travers un système informatique unique comme c'est le cas bien souvent en Europe. L'informatique est surtout ici un moyen d'information.

Teneurs de marché et forte liquidité participent au brassage des titres que tout le monde souhaite acquérir. Sur la seule année 1999, l'indice a progressé de 90 %, ce qui ne s'était encore jamais vu. Le groupe VA Linux, introduit le 9 décembre 1999, a progressé de 700 % le jour de son introduction et une valeur comme BEA System en est à 1 500 % en douze mois. Parmi les valeurs cotées se trouve certainement le Microsoft de demain et personne ne veut manquer cette opportunité: chacun se rappelle que Microsoft avait été introduit en mars 1986 à 21 dollars; un investisseur qui aurait acheté une seule action Microsoft à cette date posséderait aujourd'hui 11 520 dollars, soit

FAUT-IL SE POSITIONNER SUR LES MARCHÉS AMÉRICAINS ?

La Bourse américaine est, sans conteste, la plus rentable du monde sur les dix dernières années. Toutes les Cassandre qui prévoient depuis longtemps un effondrement du Dow-Jones se sont pour le moment trompées. Est-ce à dire qu'elles ont tort ? Pas nécessairement. Le marché américain bénéficie de l'afflux permanent de capitaux en dollars et d'une croissance américaine permanente depuis presque dix ans. Près d'une action sur deux dans le monde est aujourd'hui libellée en dollars.

Mais, pour autant, l'envolée du marché du Nasdaq (qui a doublé entre octobre 1998 et mars 2000) a créé une distorsion entre la croissance et la rentabilité. En d'autres termes, il ne saurait y avoir de croissance sans rentabilité. Pour le moment, les cours du Nasdaq reflètent avant tout des perspectives de croissance. Par conséquent, de sévères corrections sont à attendre. Investissez en priorité sur le Dow-Jones sur lequel vous trouverez les grosses valeurs (les grandes capitalisations) plus proches de l'économie traditionnelle que sur le Nasdaq.

Le Nasdaq est associé à un marché particulièrement spéculatif qui s'accommode mal d'un portefeuille boursier traditionnel. Conseil technique : attendez en espérant un repli du Nasdaq en dessous de 3 000 points pour commencer à acheter.

584 fois plus qu'à l'origine. La capitalisation de Microsoft dépasse celle de General Electric, le poids lourd de la cote américaine.

Le marché boursier européen

■ Le contexte du marché européen

On comprend mieux à la lecture de ces chiffres le besoin des Bourses européennes de s'unifier pour former un ensemble unique et ce d'autant que les Bourses américaines menacent régulièrement de monter en Europe leur propre système de cotation. Les fonds de pension américains qui gèrent les retraites des Américains constituent en ce sens un très fort lobby.

Mais l'Europe n'est pas en reste et dispose de nombreux atouts pour contrer la force américaine pour peu qu'une harmonie fiscale voie le jour rapidement. La naissance de la devise unique au début de 1999 a été un facteur déclencheur déterminant.

Il n'y a plus qu'un seul risque de change pour un investisseur américain qu'il achète des actions France Télécom à Paris, Deutsche Telekom à Francfort ou Téléfonica à Madrid, alors qu'avant, il devait évaluer d'une part l'évolution de l'entreprise et d'autre part celle de la devise du pays. Son risque de change est désormais limité à celui de la parité de l'euro contre le dollar. Et, à votre niveau, le risque de change est nul. Vous achetez déjà vos actions à Paris en euros. Toutes les autres places de la zone euro proposent cette possibilité de négocier directement en euros.

La première raison de s'intéresser en priorité au réseau européen tient donc à la nature des investisseurs qui s'y déploient. La deuxième est liée aux fondamentaux économiques. De plus en plus, les capitaux des entreprises cotées sont internationaux. L'action de France Télécom, pour reprendre cet exemple, n'évolue pas seulement en fonction de la situation économique française mais de celle de la zone euro. L'engouement pour la téléphonie a favorisé à la fois les opérateurs nationaux et les entreprises qui leur étaient attachées. Une bonne comme une mauvaise nouvelle sur l'un d'eux se répercute sur l'ensemble du secteur. Chacun ayant des participations chez l'autre on comprend mieux l'interconnexion des marchés.

■ Les projets boursiers européens

Enfin, d'ici quelques mois, l'alliance des Bourses européennes devrait être effective. On souhaite qu'un accord global incluant les places de Paris, Amsterdam, Bruxelles, Francfort, Londres, Madrid, Milan et Zurich soit conclu pour adopter un modèle unique de marché et créer une interface unique sur les actions européennes les plus liquides se réalise. Il aurait l'avantage de représenter la solution la plus solide et la plus rationnelle à terme face à la puissance américaine.

D'ores et déjà, en effet, des indices européens composite font référence (Eurostoxx 50, Eurotop 100). La notion de place globale prend petit à petit le pas sur celle de place nationale pour répondre à une demande de plus en plus grande de la part des investisseurs institutionnels et des personnes physiques.

En attendant, deux axes et deux projets différents se distinguent. D'un côté, les Bourses de Paris, Bruxelles et Amsterdam ont décidé de fusionner jugeant sans doute qu'un accord global européen tardait à se mettre en place. Cette société commune de droit néerlandais doit s'appeler Euronext.

Cet accord devrait permettre à la Bourse de Paris de récupérer les principales grandes valeurs cotées à Bruxelles et Amsterdam. L'européanisation de la Bourse de Paris est en marche. L'accès pour vous ne devrait être que meilleur d'autant qu'un accord de règlement livraison entre places devrait accentuer la sécurité du marché. Mais cela signifie certainement de profondes modifica-

tions d'organisation et de fonctionnement, en particulier au niveau du CAC
40, et de nouvelles harmonisations.
Face à ce projet l'axe Londres-Francfort
a réagi en présentant le 3 mai dernier
une plate-forme commune. Une société
commune entre les deux places où
Londres défendrait les grosses capitalisations (les plus grandes valeurs) et
Francfort les produits dérivés et les
valeurs de croissance. Sur le papier, ce
rapprochement pèse environ 4 000 milliards de dollars de capitalisation soit
deux fois plus que le projet Euronext.
Un écart qui pourrait encore grandir
car les places de Madrid et Lisbonne
penchent pour l'axe anglo-allemand.

Le choix des marchés émergents

Il existe sur le marché actions trois
plaques tournantes qui gèrent près de
90 % de la capitalisation boursière : les
États-Unis, l'Europe au sens de la zone
euro et le Japon. Si l'on s'en tient à ces
chiffres, le volume des autres places mondiales ne mériterait pas qu'on s'y arrête.
Pourtant plusieurs zones géographiques
sont amenées à se développer fortement
dès lors que le risque politique aura disparu. C'est le cas en particulier de l'Europe centrale ainsi que de l'Amérique du
Sud, sans oublier l'Asie du Sud-Est où la
crise de 1997 a contrarié le développe-

LES INDICES ACTUELS DE LA ZONE EURO

Allemagne : XETRADAX
Autriche : ATX
Belgique : BEL20
Luxembourg : LUXX
Espagne : IBEX35, Général Index
Finlande : HEX20 (à Helsinki)
France : CAC 40
Irlande : ISEQ
Italie : MIB30, Mibtel
Pays-Bas : AEX
Portugal : BVL30

Les autres indices européens :
Danemark : KFX (à Copenhague)
Grande-Bretagne : FTSE
Suisse : Swiss Market, Swiss Perf

L'indice DAX de la Bourse de Francfort est le plus important de la zone euro. Sa capitalisation est supérieure à celle de la place de Paris. Il existe depuis le 31 décembre 1987 et il est composé de 30 valeurs qui représentent environ 70 % de la capitalisation totale et près de 85 % des transactions. Comme son homologue français, c'est le titre Deutsche Telekom qui représente la plus forte capitalisation.

ment mais permis d'assainir une situation
économique qui n'était plus tenable. Le
propre des marchés financiers est de passer rapidement d'une situation de crise au
beau fixe. Cela s'explique par le caractère
anticipatif des marchés financiers qui par
nature sur-réagissent aux événements. La
mondialisation des économies et l'infor-

mation instantanée dont on dispose entraînent des réactions en chaîne que les grands incidents du passé méconnaissaient. Imaginons un instant que le crack du marché boursier américain de 1929 se soit déroulé de nos jours. L'onde de choc qui s'est propagée en Europe très lentement eût été immédiate. Aujourd'hui, le moindre mouvement sur une place dans le monde est immédiatement répercuté ailleurs. Cela tient aux systèmes d'information des salles de marchés qui analysent et digèrent via les réseaux des agences de presse (Reuters, AP Dow-Jones, Bloomberg) et des programmes de télévision (Bloomberg, CNN) des informations en temps réel.

L'écart économique entre les pays émergents et les pays industrialisés est donc appelé à se réduire. Les économies des marchés émergents vont progresser plus vite. Pourquoi? D'une part parce que les investissements des pays industrialisés dans les pays émergents ne cessent de croître à mesure que l'économie de marché progresse. D'autre part, parce que la révolution liée à l'Internet efface progressivement la notion de territorialité. Enfin et ce n'est pas neutre pour vous, une bonne partie de cette information financière «haut de gamme» destinée aux professionnels est désormais accessible, et de manière digeste, chez les principaux courtiers en ligne (voir leçon 10) qui font de la diffusion d'information un argument commercial.

■ Les zones à surveiller

En Europe centrale, en Asie du Sud-Est ou en Amérique du Sud l'intégration économique de ces régions est de plus en plus pressante.

→ L'Europe centrale

En Europe centrale, la Hongrie, la Tchéquie et la Pologne frappent aux portes de l'Union économique. L'adhésion de la Grèce dans la zone euro semble désormais une évidence d'ici 2001 alors qu'il y a deux ans elle ne remplissait aucun des fameux critères de Maastricht. On parle désormais aussi de la Turquie.

→ L'Amérique du Sud

En Amérique du Sud le scénario est identique. Malgré l'écart de croissance, les investissements nord-américains au Brésil et en Argentine et les relations commerciales entre l'Amérique du Nord et celle du Sud via l'Alena contribuent à une stabilisation économique des principaux pays et de facto à une normalisation politique.

→ L'Asie

En Asie, la prédominance du Japon en matière économique ne saurait exister sans les échanges commerciaux massifs avec la Corée du Sud et Taiwan. C'est dans cette région que se trouvent les plus fortes croissances. Malgré la grande dépression de 1997, la Corée retrouve en l'an 2000 une croissance à deux chiffres favorisée par la perte de puissance des chaebols (les conglomérats) historiques.

L'explosion économique de la Chine est pour demain. Son accession à l'Organisation mondiale du commerce en est la première étape.

■ Sous quelle forme investir sur les marchés émergents?

On ne saurait donc négliger le développement potentiel de ces trois zones et l'impact sur le PIB des pays développés. Mais comment se positionner sur ces marchés compte tenu des risques qui demeurent?

Le manque d'information dont disposent les particuliers incite à être prudent.

Le risque de change plus qu'ailleurs ne peut être négligé.

L'incertitude politique n'est pas totalement écartée.

Ces trois éléments engagent à n'investir que par le biais d'organismes de placement collectifs. Mieux vaut choisir une SICAV gérée par une banque internationale directement implantée dans la région en question. Elles ne sont pas encore très nombreuses ni suffisamment anciennes pour la plupart pour être prises en compte mais en choisis-

sant auprès de la BNP, du Crédit Lyonnais ou de la Société Générale une SICAV internationale vous limiterez à la fois vos frais et vos risques.

C'est en tout cas vers l'Asie qu'il faut se tourner en premier ; le risque y est le plus faible et les perspectives les plus encourageantes.

■ Les risques majeurs des marchés étrangers

■ Le risque de change

L'un des avantages majeurs de la naissance d'une monnaie unique dans la zone euro est incontestablement la disparition prochaine du risque de change. Pour les particuliers, cette notion deviendra réalité au 1er janvier 2002 lorsque apparaîtront les billets en euros. Les pièces et les billets en monnaie nationale n'auront plus cours. L'euro sera la seule devise de la zone.

Pour le moment le passage à l'euro n'a concerné que les professionnels de la finance dont les transactions s'effectuent déjà en euros. Depuis le 3 janvier 1999, l'ensemble des transactions effectuées sur le marché des actions en France et dans la zone euro sont en effet libellées en euros.

Est-ce pour vous un avantage ? Le changement de devise se traduit dans un premier temps par une perte des repères habituels. Vous avez l'habitude de suivre un titre bien précis, vous en connaissez le plus bas et le plus haut cours historiques. Bref vous avez vos marques. Et tout d'un coup, le cours de l'action est divisé par 6,55957 francs. Indépendamment du fait que vous vous sentez tout à coup moins riche, vous ne savez plus où sont vos marques. C'est normal et c'est arrivé également aux professionnels. À titre d'anecdote, on a constaté lors de la mise en place des cotations en euros que plus le cours de l'action était petit et plus les variations en pourcentage sur les ordres étaient importantes.

Prenons par exemple le titre Usinor. À la clôture du 31 décembre 1998, il valait 61,40 francs soit 9,36 euros. À la mise en place de l'euro, le 4 janvier 2000, on a constaté que les ordres donnés n'hésitaient pas à passer de 9,36 euros à 9,40 euros soit près de 0,25 franc de variation d'un cours à l'autre alors qu'auparavant 0,10 franc représentait une variation conséquente et maximale. Cette variation s'appelle en langage financier la **volatilité** d'un titre, c'est-à-dire sa capacité à fluctuer à la hausse et à la baisse par rapport à un cours donné. La volatilité est une des composantes essentielles du calcul des produits dérivés en général et en particulier sur le marché des actions. Les prix des options Monep et des warrants

dont nous parlerons dans la leçon 6 sont d'autant plus élevés que la volatilité sur le titre est forte.

Il s'agit cependant d'un progrès évident qui permet d'harmoniser au niveau européen un ensemble de cotations disparates et de visualiser d'une place à l'autre sans avoir à se soucier du cours de change du pays. Pour vous en convaincre, essayez d'aller acheter des actions de British Telecom sur la place de Londres. Elles sont cotées en pence (l'unité de la livre sterling) et nécessitent, pour bien en appréhender le cours, que la devise anglaise soit convertie en euros. Ce n'est pas définitivement difficile mais un peu désuet. Les gérants de portefeuilles internationaux ont bien mesuré la simplification liée au passage de la devise unique. Le volume des transactions a fortement augmenté au cours de la première année de la mise en place, ce qui n'est pas sans lien de cause à effet sur la suite de l'histoire de l'euro.

Investir dans des actions étrangères en dehors de la zone euro comporte en revanche un risque de change qu'il est difficile d'appréhender et encore plus de couvrir. Pour entrer efficacement dans ce type d'actions, il vaut mieux, on l'a dit, passer par un gérant de portefeuille qui vous proposera une SICAV de cette zone géographique ou économique. Si vous souhaitez acheter des actions technologiques américaines, il est encore

plus raisonnable de choisir une SICAV pour au moins trois raisons :
– le risque est réparti sur plusieurs actions différentes ;
– le gérant assure lui-même le risque de change en dollar ;
– il suit l'évolution de ce marché et est capable de réagir rapidement en cas de retournement.

■ Le coût des transactions

Dès lors que vous investissez en direct dans des valeurs étrangères, vos risques majeurs sont de trois ordres :
– en premier lieu, il faut ouvrir un compte dans la devise du pays. C'est fastidieux et difficilement gérable d'un point de vue comptable. Inutile d'aller ouvrir un compte en zlotys pour acheter une action polonaise, faites-le à travers une SICAV ;
– vous êtes en risque de change, comme nous l'avons déjà évoqué ;
– enfin, le coût des transactions se double de l'intermédiaire du pays en plus de votre intermédiaire classique : sur le net, certains courtiers proposent cependant des tarifs réduits qui rendent ce genre de transactions réellement rentables.

> ## CONSEIL
>
> **Surveillez ces zones géographiques et comprenez-en les grandes lignes économiques. Cela vous servira dans le futur. Mais pour le moment les actions de ces pays ne doivent pas entrer dans votre portefeuille sauf à trouver un organisme de placement collectif suffisamment prudent (regardez l'historique) et qui gère pour vous le risque de change, c'est-à-dire une SICAV libellée en euros. On parlera plus en détail dans la prochaine leçon des atouts de la gestion collective à travers les SICAV et les Fonds communs de placement.**

■ Le risque pays

C'est le risque classique d'un investisseur. Certains pays proposent une ouverture de leurs marchés boursiers mais la libre circulation des capitaux n'y est pas systématiquement assurée. Restez classiques au niveau géographique ; la nouvelle économie donnera suffisamment l'occasion à votre portefeuille de faire le grand écart sans aller accentuer votre volatilité sur des marchés émergents qui n'ont pas émergé.

5

Constituer
son portefeuille

Entre votre premier achat et votre portefeuille
globalement constitué, il va s'écouler quelques semaines
voire quelques mois. C'est normal : la constitution
d'un portefeuille doit être progressive. Elle doit surtout
être méthodique et répondre à une logique de sécurité
au nom de quelques grands principes.
Mais il existe une autre façon de constituer
son portefeuille : le faire gérer par un spécialiste
de la gestion collective. Cette cinquième leçon vous détaille
les grands principes de ces deux styles de gestion,
leurs avantages et leurs inconvénients. Il ne s'agit pas
de les opposer mais au contraire de les faire coexister
car ils visent au même but : faire fructifier
votre portefeuille.

L es principes de la gestion individuelle

■ Ne pas tout acheter d'un coup

Ne vous précipitez pas pour acheter. Il est en effet très rare que le marché actions ne subisse pas de dégagements ou de prises de profit qui ont pour effet de faire baisser les cours des actions. Et même si, fondamentalement, le marché des actions est orienté à la hausse, celle-ci est toujours progressive. La hausse de la Bourse est liée directement à la croissance économique. Elle est dépendante du niveau des taux d'intérêt fixés par les Banques centrales et dans une moindre mesure de celui des parités de change. À situation économique comparable, le niveau de la Bourse ne sera à priori pas le même selon que les taux d'intérêt seront bas ou élevés. Il y aura inéluctablement des corrections de marchés à la baisse dont il faudra savoir profiter.

Pour acheter, raisonnez par tiers :

– un premier tiers dans les conditions de marché du moment : cela veut dire quelles que soient les conditions du moment pour peu qu'elles soient normales. N'ayez pas peur, allez-y. Et allez-y d'autant plus tranquillement que votre premier achat n'est qu'une petite partie du portefeuille que vous êtes en train de vous constituer. Si vous avez le sentiment que vous vous êtes trompé, vous aurez largement de quoi rectifier le tir ;

– fixez-vous ensuite deux objectifs progressifs, soit en fonction du niveau du CAC 40, soit directement en fonction du niveau des valeurs sur lesquelles vous souhaitez vous positionner. Ne vous fixez pas des objectifs trop ambitieux. Évaluez-les en fonction de la situation économique : meilleure elle est et moins vos ambitions seront grandes.

■ Ne pas multiplier le nombre de lignes

Deuxième principe : ne multipliez pas le nombre de titres que vous achetez et donc le nombre de lignes à gérer. La Bourse, c'est comme un supermarché ; on arrive avec deux achats à faire et on repart avec un caddy plein.

Sur un portefeuille de 100 000 francs, essayez de vous limiter à 10 lignes de 10 000 francs chacune. C'est plus simple à gérer et c'est bien souvent moins cher au niveau des frais. Car n'oubliez pas que quel que soit le résultat de vos investissements, vous êtes certain de débourser des frais de courtage auprès de votre intermédiaire. Votre gain doit être supérieur à deux fois les frais (achat et vente) pour que vous puissiez estimer gagner quelque chose.

LE CHOIX D'UNE « LIGNE »

Une ligne est un achat de titres. «J'ai une ligne de 50 titres Alcatel», cela signifie que vous avez 50 titres Alcatel dans votre portefeuille.

Raisonnez par secteur économique.

Il n'existe pas de portefeuille idéal. Celui-ci répond toujours à une logique économique du moment. C'est la raison pour laquelle il faut raisonner par secteur économique et choisir ensuite une valeur parmi ce secteur, en veillant à ne pas acheter l'action la plus chère de sa catégorie.

Dans une économie en forte croissance, le secteur de la consommation comme celui du luxe sont largement favorisés. Cela doit être pris en compte. Mais que devez-vous choisir? Carrefour ou Casino? LVMH ou PPR? C'est la partie aléatoire d'un achat. Ces quatre titres proviennent tous du CAC 40. Ils bénéficient d'une forte liquidité mais leur progression ne sera pas nécessairement uniforme.

De même, l'évolution des technologies n'est pas à négliger: téléphone, Internet et multimédia en général. Il suffit pour s'en persuader de regarder quelles sont les deux plus fortes capitalisations de la Bourse de Paris et de Francfort. Il s'agit de France Télécom et de Deutsche Telekom, deux entreprises qui n'étaient pas cotées il y a dix ans à la Bourse et qui aujourd'hui pèsent chacune plus de 10 % de leur indice respectif. Parmi les 10 plus grosses capitalisations en Europe (l'Europe est ici prise au sens large), au début de l'an 2000, on trouve dans l'ordre Deutsche Telekom (Allemagne), Nokia (Finlande), BP Amoco (Grande-Bretagne), Vodafone Air Touch (Grande-Bretagne) et British Telecom (Grande-Bretagne). Mis à part BP Amoco, les quatre autres places sont trustées par des sociétés liées à la téléphonie. Il est d'ailleurs spectaculaire de constater le parcours de Nokia. Cette société finlandaise était encore à la fin des années quatre-vingt spécialisée dans la production de bois. Aujourd'hui, sa reconversion dans la téléphonie en fait la deuxième entreprise d'Europe et son chiffre d'affaires est supérieur au produit intérieur brut de la Finlande.

Les valeurs traditionnelles sont donc assez malmenées depuis l'émergence de la téléphonie et du multimédia. Les grandes entreprises comme Nestlé, Unilever, ou l'assureur Allianz ont ainsi disparu du classement des 10 premiers. Il paraît imprudent de faire un choix unique du cœur de votre portefeuille. Regardez le CAC 40: sa composition évolue en fonction des modes. Mais de tels changements stratégiques ne sont pas si fréquents. Le bouleversement lié à l'explosion de la téléphonie n'est pas récurrent, et il faut constater que le marché est loin d'être mature. La progression des valeurs Internet n'est sans doute pas achevée et les prochaines distributions des licences de téléphonie de troisième génération (celle qui permettra de recevoir Internet sur son téléphone mobile) promettent encore de belles batailles financières.

Dans ce contexte, il est sans doute préférable de confier à un spécialiste le soin de gérer le cœur de votre portefeuille. Sa capacité de réaction à tous ces changements est très rapide. Choisissez une SICAV indicielle (dont l'objectif de gestion est de répliquer l'indice CAC 40) ou une SICAV composée de 60 % de valeurs françaises et de 40 % de valeurs européennes. Ces deux types de SICAV sont en outre éligibles dans un PEA et bénéficieront à l'échéance de l'exonération de la plus-value si vous les intégrez dans votre PEA. Pour le reste de votre portefeuille, c'est-à-dire environ l'autre moitié, achetez en fonction de vos envies, en respectant cependant les quelques critères que nous vous donnons.

Les petits achats sur des petites lignes sont proportionnellement plus chers.

■ N'investir que le surplus d'épargne

Si ce principe n'apparaît pas en premier, c'est qu'il a été déjà évoqué lors de la première leçon. Malgré les profits que la Bourse peut laisser miroiter à moyen terme, son évolution connaît des hauts et des bas. En cas de tempête, il faut savoir laisser passer l'orage avant que le marché ne revienne à de meilleurs sentiments. Encore faut-il que vous n'ayez pas besoin de vendre pendant l'orage. L'investissement progressif que vous effectuez en Bourse doit être constitué de votre surplus d'épargne et ne pas représenter une partie de vos ressources nécessaires à votre train de vie. Ce serait alors un placement trop aléatoire car il ne disposerait pas de son élément primordial : la valeur temps. Ce principe est encore plus vrai à l'intérieur d'un PEA sur lequel vos fonds sont en théorie bloqués huit ans.

■ Équilibrez la répartition de votre portefeuille

Votre portefeuille doit être équilibré. Pour cela, il doit obéir à des règles mathématiques et être constitué d'environ 50 % de valeurs de référence, c'est-à-dire de valeurs phares issues des principaux indices européens. Ce seront les valeurs qui constitueront le fonds de votre portefeuille. Elles ne seront pas nécessairement amenées à être revendues très régulièrement.

Ce sont des valeurs dites aussi « sans risque ». On ne s'étendra pas sur la notion de « sans risque » car le risque zéro en matière d'action n'existe pas. Ce sont les valeurs principales à l'intérieur du marché européen, celles qui offrent les meilleures garanties en capital. Elles sont également celles sur lesquelles le volume et l'information sont les plus complets. La plupart des grandes capitalisations répondent à ces critères. On peut citer ainsi sans aucun caractère exclusif L'Oréal, Carrefour, Total Fina, Alcatel, Deutsche Bank, ou, encore une fois, France Télécom, Deutsche Telekom, Nokia. On distinguera cependant les actions de la zone euro des marchés anglais, suisse et suédois très performants mais qui comportent toujours un risque de change : l'approche de ces marchés sera très différente de celle des onze places de la zone euro qui traitent dans une devise unique.

Vous pouvez constituer cette partie vous-même ou choisir une SICAV orientée dans ce sens.

■ Gérez votre portefeuille de façon dynamique

Une moitié de votre portefeuille doit être diversifiée. Cela signifie qu'elle peut très bien ne pas être investie en permanence, de façon à ce que vous gardiez un volant de liquidités pour saisir une opportunité sans avoir à revendre autre chose. Il s'agit d'appliquer sur cette partie du portefeuille une gestion plus dynamique, c'est-à-dire plus audacieuse, si du moins c'est dans votre tempérament.

→ Le pourcentage d'investissement

Vous avez décidé de consacrer un certain montant en Bourse. Faut-il tout investir ?

À priori non, car c'est une prise de risque supplémentaire. Autant sur les grandes valeurs le risque est faible, autant sur les valeurs qui vont dynamiser votre portefeuille global, il faut savoir être mobile. Les épargnants d'Eurotunnel ou d'Eurodisney en savent quelque chose : non seulement les perspectives de gain sont faibles et éloignées, mais s'ils devaient revendre aujourd'hui, la perte serait très importante.

Si l'on cite ces deux titres, ce n'est pas cependant pas par hasard. Compte tenu de leur valeur actuelle, le risque en capital est faible et peut constituer à très long terme un investissement intéressant dans un PEA.

Il faut donc se garder un volant de disponibilités pour des occasions à ne pas rater : une forte baisse du marché qui peut constituer une opportunité d'achat, une augmentation de capital réservée aux actionnaires sur un titre que vous possédez, une introduction en Bourse attractive, etc.

→ La dynamique

Cette moitié de portefeuille doit correspondre à vos choix, vos sentiments personnels : ce seront des valeurs à la mode, sur le second marché, le nouveau marché, des valeurs étrangères, des petites valeurs. Mais cette partie doit être mobile et dynamique. N'hésitez pas à revendre une valeur dès que le gain vous paraît correspondre au risque que vous avez pris. Quelquefois cela peut aller très vite. Les OPA et les regroupements d'entreprises sont aujourd'hui autant d'éléments déclencheurs qui peuvent faire prendre 10 % à un titre en quelques séances.

Savoir prendre son profit est une des grandes leçons de la Bourse. N'oubliez pas ce principe : on n'achète jamais au plus bas et on ne revend jamais au plus haut ! Alors mieux vaut prendre un bénéfice trop tôt que pas du tout. Le toujours plus en Bourse n'est pas un critère. À trop vouloir gagner, on prend le risque sinon de tout perdre, du moins d'immobiliser un capital très longtemps et de transformer en fonds de portefeuille un investissement à l'origine à court terme. Soyez dynamique mais ne vous laissez pas griser.

Les outils de la gestion collective

Les placements collectifs représentent une alternative à la gestion individuelle. Disons-le tout de suite, elle ne la remplace pas car gérer son portefeuille est avant tout une question de passion et déléguer sa gestion en ôte tout le plaisir. Mais dans certains cas et sur certains compartiments d'actions, c'est d'autant plus indispensable que la gestion est technique et que les gérants sont dans l'ensemble d'excellents professionnels de ces marchés.

Vous allez inévitablement comparer votre gestion à celle des indices ou des SICAV indicielles du marché. Le résultat est parfois cruel, mais il permet de vous situer et de voir si l'investissement en temps (en dehors du plaisir qu'il procure) est plus ou moins bien rentabilisé.

■ SICAV et FCP

La gestion collective est regroupée autour des Organismes de placement en valeurs mobilières mieux connus sous le nom d'OPCVM. Ces vecteurs sont des collecteurs d'épargne et drainent plus de 6 000 milliards de francs à travers près de 5 500 fonds distincts. Ces fonds sont avant tout des SICAV et des Fonds communs de placement (FCP).

Ils sont gérés pour la plupart par des banques et des compagnies d'assurance. Que vous achetiez des actions identifiées, c'est-à-dire des titres bien précis ou des parts de SICAV, vous devez transiter par un organisme spécialisé. Il agit comme un intermédiaire entre vous et la Bourse. Une fois encore, vous pouvez constater ce cloisonnement qui fait qu'aucun particulier ne peut agir en Bourse directement. Les professionnels qui gèrent l'ensemble de ces fonds sont des gérants de portefeuille.

Le choix d'une SICAV est particulièrement large. Elles sont classées en fonction de leur régime juridique, de leur orientation géographique mais surtout en fonction de leur stratégie d'investissement. On distingue ainsi plusieurs catégories de SICAV dont certaines n'ont rien à voir avec le marché des actions.

Les Fonds communs de placement ont le même but que les SICAV, à savoir gérer pour le compte de tiers un portefeuille de valeurs mobilières. Mais contrairement aux SICAV ils ne disposent pas d'une personnalité juridique. C'est une copropriété de valeurs mobilières constituée conjointement par une société de gestion de fonds et une société dépositaire des actifs qui, elle, jouit d'une personnalité morale. Le capital de départ exigé est plus faible. On se contentera d'analyser ici les SICAV dont le choix et les performances sont étonnamment disparates; les principes pour les FCP sont très similaires.

■ Qu'est-ce qu'une SICAV ?

Juridiquement, une SICAV est une Société d'investissement à capital variable. Elle est composée de parts qui en composent le capital. L'unique but de cette société est la gestion d'un portefeuille de valeurs mobilières. Le capital d'une SICAV est variable parce que sa progression varie tous les jours. La valeur d'une SICAV est égale à son capital divisé par le nombre de parts qui la composent. De manière régulière l'évolution du cours de la part est publié. Il s'agit généralement d'une cotation quotidienne mais certaines SICAV n'affichent que des variations hebdomadaires. C'est sur la base de ces cotations que vous allez investir un certain nombre de parts.
Prenons l'exemple d'une SICAV dont la part vaut 1 200 francs. Vous allez acheter 10 parts soit 12 000 francs. À la date d'achat (on dit la date de souscription), la valeur de chaque part est donc de 1 200 francs auxquels s'ajoutent des droits d'entrée qui correspondent aux frais de gestion de votre organisme gestionnaire (banque, compagnie d'assurance, société spécialisée).

■ Les différentes catégories de SICAV

Chaque SICAV est identifiable grâce à une fiche sur laquelle sont précisés les renseignements suivants:
– le régime juridique;
– la date de création;
– l'actif géré (le montant géré);
– l'orientation stratégique (les actifs financiers sur lesquels la SICAV est investie);
– les frais de gestion;
– les performances des années passées.
On distingue cinq catégories de SICAV selon la classification de la Commission des opérations de Bourse (COB):
– monétaires (titres du marché monétaire et obligations à taux variable);
– obligataires (obligations et autres créances: 90 %);
– actions;
– assorties d'une garantie (garantie sur tout ou partie du capital);
– diversifiées (comportant des titres de nature diversifiée).
Les **SICAV-actions** doivent être constituées d'au moins 60 % d'actions. On y trouve des sous-catégories précisant le type d'actions du portefeuille: indicielles, elles répliqueront des indices; Asie pacifique, elles ne concerneront que des actions japonaises et des principales place d'Asie du Sud-Est, et ainsi de suite. La stratégie de gestion est déterminée à l'avance: une SICAV spé-

cialisée sur des actions japonaises n'a pas le droit du jour au lendemain d'acheter des actions polonaises ou sud-américaines, la dominante en actions japonaises doit rester la stratégie de base.

Les SICAV en actions françaises répondent à ces critères. Elles sont investies à 60 % en actions françaises au minimum. Ce pourcentage doit être précisé dans la notice d'information de la SICAV qui doit aussi préciser l'exposition éventuelle au risque de change sur les pourcentages restants ainsi que les instruments et les techniques d'intervention.

La gestion collective obéit à des règles prudentielles et de gestion bien précises. La stratégie de gestion peut être modifiée tous les 6 mois après consultation d'un comité de gestion interne.

LA NOTICE D'INFORMATION

Même si tous les gérants ne le font pas, la notice d'information destinée au public est obligatoire et doit vous être distribuée. Elle vous renseigne sur l'orientation d'origine de la SICAV et fournit des informations contractuelles. C'est grâce à cette notice que l'organisme émetteur de la SICAV a pu obtenir son agrément auprès de la Commission des opérations de Bourse. Mais en revanche il ne renseigne pas à postériori sur la gestion quotidienne de la SICAV et encore moins sur ses performances.

■ Bien choisir sa SICAV

Comme nous l'avons mentionné, une SICAV doit faire état de la composition de son portefeuille. Elle doit également se soumettre à un contrôle de son conseil d'administration, de ses commissaires aux comptes et de la Commission des opérations de Bourse.

→ Performance et régularité

Le risque ne se situe pas à ce niveau. Pour bien choisir une SICAV, il faut regarder sa performance. Mais les résultats sur la dernière année sont bien souvent trompeurs. Une SICAV peut en effet apparaître numéro un au classement une année et rétrograder de 200 places l'année suivante. Il faut donc s'atteler à une comparaison sur les cinq dernières années pour mesurer, plus que la performance, la régularité de la SICAV. La régularité est le critère fondamental. Entre régularité et performance, il ne faut pas hésiter.

→ Performance et volatilité

Deuxième élément déterminant, la volatilité de la SICAV. Sans entrer dans les détails techniques, l'**indice de volatilité** permet de mieux appréhender la régularité de la SICAV. Que mesure-t-il? L'ampleur des fluctuations d'une SICAV donnée par rapport au temps et à la performance. Il va de soi qu'une SICAV actions aura de toute façon une volatilité supérieure à une SICAV monétaire qui se contente de placements sans risque sur le marché monétaire. Plus l'indice de volatilité est élevé, et plus la SICAV a pris un risque pour réaliser sa performance. En d'autres termes, si vous placez vos économies sur une SICAV monétaire, elle va vous procurer un rendement lié au marché de l'argent à court terme (en ce moment environ 4,00 %). À la fin de l'année sa performance peut être de 3,90 % ou de 4,10 %. La différence est très faible car les variations des marchés sur lesquels elle se positionne sont elles-mêmes faibles. Sur le marché actions (et sans aller chercher des actions exotiques), le résultat final peut être de 0 ou de 50 % où le CAC 40 aura fait 25 %. C'est une question de risque encouru. Or, ce risque met en jeu votre capital. Il doit donc être dosé.

De manière plus systématique et implicite, la rentabilité d'une SICAV doit être rapportée au risque encouru. Plus celui-ci est élevé et plus on doit s'attendre, sur le temps, à une performance de qualité. Sinon, autant placer ses économies à la caisse d'épargne ; ça ne rapporte pas gros mais le risque est tout proche de zéro.

Pour les puristes, on pourra citer un autre ratio : le **ratio de Sharpe**. Il mesure le couple entre le rendement et le risque pris par la SICAV par rapport à un placement sans risque. La performance de la SICAV est directement rapportée à celle d'un placement écureuil ou d'un Bon du Trésor et divisée par la volatilité annuelle du fonds. Plus le chiffre est fort et plus la rentabilité est favorable par rapport au risque encouru.

→ **Performance et coûts**

Dernier aspect à prendre en compte : les frais. Ils sont extrêmement variables d'une SICAV à une autre. Ils sont généralement de deux ordres :
– les frais d'entrée ou de sortie de la SICAV : ces frais sont négociables dans la plupart des établissements en fonction du montant investi. Plus ce dernier est important, moins les frais d'entrée sont élevés. Ils peuvent même être nuls. Mais 0,50 % du montant investi ne représente pas un montant scandaleux. Il en est de même pour les frais de sortie à cela près qu'ils sont plus facilement négociables ;
– les frais de gestion : ils sont de l'ordre de 2,00 % par an sans grand espoir de négociation. C'est sur ces frais de gestion que se rémunèrent la banque et le gestionnaire de la SICAV.

Les frais d'entrée et de sortie vous sont imputés directement sur votre compte bancaire. En revanche les frais de gestion sont inclus dans la performance du fonds. Vous les payez indirectement dans le résultat de la SICAV mais vous ne les voyez pas apparaître séparément. D'où la nécessité de les connaître avant d'investir.

Quand on parle de frais, il ne faut pas oublier la fiscalité applicable aux SICAV. On abordera cette question dans la leçon 9.

■ Acheter une SICAV étrangère

Acheter une SICAV permet aujourd-'hui de se positionner sur des marchés auxquels on peut difficilement accéder par une gestion personnelle. C'est en particulier le cas de fonds étrangers agréés. L'harmonisation européenne des marchés de capitaux permet désormais la commercialisation de ces fonds en France dès lors qu'ils répondent aux critères de la Commission des opérations de Bourse, en particulier les critères liés à la protection de l'épargnant. Il faut donc proscrire systématiquement des fonds non agréés.

Renseignez-vous auprès de votre banquier sur ce type de fonds dont l'avantage est d'accéder à des produits différents. On trouve ainsi des fonds spécialisés sur des zones géographiques bien précises, sud-américaines, Europe centrale, ou spécialisés par thème. Ce sont des petites valeurs européennes, des fonds orientés sur des valeurs des nouveaux marchés européens ou des valeurs technologiques américaines. Le

choix est large, la méthode de gestion est souvent anglo-saxonne et la performance attirante. Mais attention aux frais qui sont bien souvent élevés (environ 5 %) et à la fiscalité.

■ L'utilité des SICAV

Si l'on revient à la constitution de votre portefeuille, il peut être avantageux de choisir une SICAV indicielle pour constituer le cœur de votre portefeuille. Une SICAV indicielle indexée sur le CAC 40 ou sur les grands indices européens sera constituée de valeurs de premier plan et se comportera peu ou prou comme l'indice auquel elle se réfère. Pour le reste de votre portefeuille, choisissez des actions en direct sauf à choisir un thème géographique. Il peut être intéressant actuellement de se porter sur des actions de la zone sud-américaine compte tenu des perspectives de croissance encourageantes qu'elles comportent. L'économie brésilienne ou argentine devrait bénéficier du renouveau économique de la zone après les années noires de 1997 à 1999. Mais comment se positionner en direct dans cette zone ? Une SICAV semble mieux adaptée et répondra mieux à vos attentes.

En ce qui concerne la zone euro, la possibilité d'acheter des actions « en direct » est de plus en plus facile mais relativement onéreuse et nécessite une bonne connaissance de l'ensemble du marché. Acheter une SICAV-actions euro-péenne permet d'éviter ces handicaps de prix et de choix de la valeur.

Ce qui est vrai au niveau national l'est à plus forte raison au niveau européen, il existe une très grande variété de SICAV dans la catégorie actions :

– les SICAV indicielles, comme sur le CAC 40 à Paris, répliquent les indices. Les plus suivis pour le moment sont l'indice Eurostoxx 50 et le Stoxx 50. Le premier ne prend en compte que des valeurs des onze pays de la zone euro alors que l'indice Stoxx intègre en plus des valeurs de Suède, de Suisse et de Grande-Bretagne ;

– les SICAV peuvent également être regroupées en secteurs d'activités. On trouve ainsi des SICAV orientées autour des biens d'équipement, de l'au-tomobile, du luxe, etc. ;

– elles peuvent enfin être orientées par pays ou zones géographiques.

La très grande majorité de ces SICAV ne présentent pas de risque de change.

6

La Bourse : un ensemble de produits

La Bourse est principalement connue du grand public
pour le marché des actions, mais d'autres activités
sont sous le contrôle de Paris Bourse SBF **SA** :
elle gère en effet et regroupe sous son label
certains produits dérivés comme les marchés
d'instruments financiers négociables à terme
(le **MATIF** créé en **1986**) et celui des options d'actions
négociables (le **MONEP** créé en **1987**).
En dehors des actions, l'autre grande catégorie
de valeurs mobilières est le marché obligataire.
Par ailleurs, l'évolution des marchés financiers,
depuis quinze ans, a permis l'éclosion de produits financiers
hybrides distincts de Paris Bourse SBF **SA**
mais qui sont associés au marché actions :
on évoquera en particulier dans cette leçon
les bons de souscription en actions ainsi que les warrants.

Le marché des obligations

Une action est une part de capital d'une société. Elle procure un revenu variable en fonction des résultats de la société : le dividende. Comme on l'a vu, la valeur de l'action dépend de la performance de la société.

À l'inverse, pourrait-on dire, si vous achetez une **obligation**, vous détenez une créance de la société. C'est un prêt que vous lui avez consenti. Il doit vous rapporter un intérêt annuel (généralement fixe). Le capital que vous avez prêté vous sera remboursé à la fin du prêt, c'est-à-dire à l'échéance.

On verra un peu plus loin dans cette leçon que certaines obligations peuvent procurer des intérêts variables et que le remboursement à l'échéance peut, lui, prendre des formes différentes, en particulier un remboursement en actions. Il convient également de distinguer les obligations émises par l'État de celles émises par des sociétés.

■ Le cadre du marché obligataire

Les obligations émises par l'État dans le cadre de la gestion de sa dette sont inscrites dans la catégorie des valeurs mobilières. Cela signifie qu'il vous est possible d'en acquérir en tant que particulier.

Mais est-ce intéressant pour vous ? Pour répondre à cette question, il convient de l'appréhender sous deux aspects : la sécurité du placement et la liquidité des titres que vous pouvez acquérir.

→ La sécurité

La sécurité, c'est être certain qu'à l'échéance de l'emprunt votre capital vous sera restitué. Quand vous faites un emprunt auprès de votre banquier, celui-ci exige à juste titre des garanties pour être certain que vous le rembourserez à la fin du prêt. Quand vous achetez des obligations, vous vous situez du côté du banquier. C'est vous qui prêtez l'argent. La sécurité, celle d'être remboursé, est votre principal souci.

De ce côté, la garantie de remboursement émane de l'État français. Elle est donc totale sauf à supposer que l'État fasse faillite. L'hypothèse étant peu vraisemblable, l'État peut se permettre de vous offrir une rémunération moindre qu'un autre émetteur puisque sa garantie de remboursement est plus forte.

C'est le principe en matière obligataire : le **coupon annuel** que vous touchez, c'est-à-dire votre rendement, dépend d'une part du niveau global des taux d'intérêt, mais aussi d'autre part de la qualité de l'émetteur. Par qualité, on entend les chances de remboursement du capital à l'échéance. Toutes choses égales par ailleurs, plus la probabilité d'être remboursé est forte et plus faible sera la rémunération du prêt.

→ La liquidité du marché

Depuis 1985, l'État a entrepris une vaste réforme du financement de sa dette. L'augmentation croissante de ses déficits, qui dépassent aujourd'hui 4 000 milliards de francs, avait rendu nécessaire cette réforme qui vise à une meilleure liquidité et transparence des émissions obligataires des titres publics. Chaque année, le ministère de l'Économie et des Finances fixe un calendrier de ses émissions obligataires destinées à financer son déficit budgétaire et à payer les intérêts des émissions précédentes. Ces émissions régulières se présentent sous trois formes distinctes :
– les obligations assimilables du Trésor (OAT) d'une durée de 7 à 30 ans ;
– les bons du Trésor (BTAN) compris entre 1 et 5 ans ;
– les bons à taux fixe (BTF) d'une durée maximale d'un an, destinés à assurer le financement à court terme de l'État, la gestion à court terme de sa trésorerie.

Ils constituent l'essentiel du financement de la dette publique en France. Leur diffusion est assurée depuis 1987 par des Spécialistes en valeurs du Trésor (SVT), seuls habilités à acquérir à l'émission les titres du Trésor selon un système régulier de vente aux enchères appelée **adjudication**. Leur nombre est limité et fait l'objet d'une sélection sévère. La plupart des grandes banques françaises ainsi que les grands établissements internationaux font partie de ce club restreint dont le rôle est d'assurer la diffusion et la commercialisation de la dette française en francs français et en euros.

Depuis janvier 1999, l'État a en effet décidé le passage à l'euro de sa dette. L'ensemble de ses émissions se fait désormais dans la devise européenne. Ce choix correspond pour le Trésor et pour l'État à un besoin permanent de modernité dans le but d'une gestion active de sa dette.

Depuis octobre 1994, l'État donne aux particuliers la possibilité d'acquérir une partie de cette dette sous forme d'OAT réservées aux particuliers. Ces OAT sont disponibles auprès de votre banquier.

→ Avantages et inconvénients

Pour vous, acquérir des obligations répond à une logique de risque différente de celle du marché actions. En tant qu'actionnaire, votre risque est de voir la valeur de vos titres baisser si les résultats de l'entreprise ne sont pas à la hauteur des anticipations. Sur le marché obligataire, le rendement de votre obligation est en général fixe. Le risque est celui d'une défaillance de l'émetteur à l'échéance de l'emprunt. Ce cas de figure peut exister lorsque l'émetteur de l'obligation est une entreprise industrielle ou commerciale. Mais pour l'État ou les établissements publics qui bénéficient de sa garantie (SNCF, EDF/GDF…), ce risque est considéré comme nul.

Au niveau de la sécurité, il est donc très intéressant de choisir des obligations d'État ou d'entreprises de première signature. Au niveau de la liquidité, le risque est aussi inexistant dans la mesure où chaque «ligne» d'obligation est abondamment alimentée par la technique d'assimilation (le «A» de OAT). Cette technique permet de pallier les difficultés des années soixante-dix qui voyaient se multiplier les emprunts d'État aux caractéristiques différentes. Chaque ligne était peu abondante, peu liquide et par conséquent n'attirait autour d'elle que de faibles transactions. Désormais, on peut grâce à la technique de l'assimilation, rattacher une émission nouvelle à une émission précédente en lui conservant des caractéristiques identiques que ce soit en termes de durée, d'échéance et de taux d'intérêt facial. Vous pouvez donc acheter et revendre une obligation du Trésor sans aucune difficulté.

→ Une valorisation négative

Le risque du marché obligataire est ailleurs. Il tient au rendement de l'opération et à l'évolution des taux d'intérêt tout au long de la vie de l'emprunt.

Pour mieux comprendre, prenons le cas d'une obligation de 1 000 francs au taux fixe de 5 % sur 10 ans émise au pair et remboursable *in fine*:

– elle est émise au pair, ce qui signifie que le prix à payer est le même que la valeur de départ de l'obligation;

– elle est remboursable *in fine*, c'est-à-dire que l'État vous remboursera les 1 000 francs en une fois au bout de 10 ans;

– son taux d'intérêt est de 5 %: vous toucherez donc un dividende (un coupon) de 50 francs tous les ans quoi qu'il arrive, le taux d'intérêt restera de 5 %. Pour autant, le cours de votre obligation va varier en fonction de l'offre et de la demande et surtout de l'évolution des taux d'intérêt. Si les taux d'intérêt baissent à 2,5 %, les nouvelles obligations seront moins intéressantes en terme de rendement que celle que vous possédez à 5 %. Le prix de votre obligation va doubler car, pour obtenir le même dividende de 50 francs avec des taux à 2,5 %, il faudrait débourser non plus 1 000 francs mais 2 000 francs. À l'inverse, si les taux montent à 10 %, la valeur faciale de votre obligation ne vaudra plus que 500 francs.

Il s'agit d'un raisonnement simplifié car le rendement de l'obligation doit tenir compte des coupons déjà détachés et du temps qui reste jusqu'à l'échéance. Mais il vise à démontrer la relation directe qui existe entre le prix de l'obligation au quotidien et l'évolution des taux d'intérêt : plus les taux du marché baissent et plus la valeur de l'obligation augmente, et plus les taux du marché montent et plus la valeur de l'obligation baisse. Or, sur le marché, les obligations quelles qu'elles soient sont **cotées en prix et non en taux**.

Il peut donc être intéressant de disposer dans un portefeuille de quelques obligations à taux fixe, à la fois pour la sécurité qu'elles représentent et pour leur liquidité en cas de revente. Mais il vaut mieux privilégier ce type d'investissement lorsque les taux d'intérêt sont plutôt élevés. La reprise économique depuis 1999 entraîne progressivement les taux à la hausse à l'instar des marchés américains. Il est aujourd'hui intéressant d'acquérir des obligations d'État à 10 ans (des obligations à long terme) sur des niveaux compris entre 5,5 % et 6,00 %. Dans une économie dite « normale », la courbe des taux d'intérêt est croissante, ce qui signifie que plus on se projette dans le temps, et plus la rémunération des intérêts est importante.

■ D'autres types d'obligations

Certaines obligations proposent des taux variables ou révisables dont le rendement est directement indexé sur l'évolution des taux d'intérêt. Il peut être opportun de s'intéresser à des obli-gations à bons de souscriptions d'action ou encore **obligations convertibles**. Ce sont des obligations émises par des entreprises et qui permettent selon certaines modalités de transformer l'obligation en actions de la société à un cours prédéterminé. L'avantage pour l'émetteur est de limiter le coût de son endettement. Le taux de rendement qu'il propose à l'investisseur est en effet plus faible qu'une obligation classique puisque la perspective de gain est plus forte : en cas de valorisation de l'entreprise, il devient intéressant de transformer les obligations en actions pour bénéficier ainsi de la plus-value. Mais la sécurité de ce type d'obligation n'est pas aussi fiable que celle des obligations émises ou garanties par l'État, et il convient de les utiliser à petites doses.

Les produits dérivés

Sur les marchés financiers, la compétition entre les différentes places a créé une concurrence qui a eu entre autres effets de diversifier les produits traités sur la place de Paris. À côté des marchés traditionnels sont nés des produits dérivés, et en particulier les marchés à terme et les options. À des degrés divers, ils présentent pour vous des opportunités, à condition d'éviter quelques pièges.

Les produits les plus intéressants se situent au niveau des bons de souscription et sur le Marché des options négociables.

■ Les bons de souscription d'action

→ Une option d'achat

Un bon de souscription est une valeur mobilière au même titre qu'une action. Il dispose d'un code Sicovam.

Acheter un bon revient à acquérir le droit d'acheter pendant une durée déterminée et à un prix convenu à l'avance les actions d'une société cotée en Bourse. Toutes les sociétés cotées en Bourse n'ont pas émis de bons de souscription. Vous en trouverez la liste dans les quotidiens spécialisés à la rubrique « droits et bons ».

→ Les avantages

Il y a un certain nombre d'aspects techniques qui entrent en considération dans la cotation d'un bon. Le mieux est de prendre un exemple concret.

La société Ubi Soft Entertainment (société de jeux vidéo inscrite au second marché) propose jusqu'au 2 novembre 2002 d'acquérir 1 action de sa société au cours de 170 euros. Pour cela, vous devez acheter 2 bons de souscription Ubi Soft à 11 euros pièce.

Concrètement, cela signifie qu'en ayant payé 22 euros, vous disposerez du droit d'acheter une action de la société Ubi Soft au cours de 170 euros.

Considérons les paramètres fixes de cette opération :
– le cours auquel vous avez le droit d'acheter l'action : 170 euros ;
– l'échéance de ce droit : le 2 novembre 2002.

Le cours auquel vous achetez le bon est, lui, par définition variable : plus le cours de l'action Ubi Soft prend de la valeur et plus la valeur des bons grimpe.

Ce jour-là, l'action Ubi Soft cotait à la clôture de la Bourse 145 euros. En quoi donc est-il intéressant d'acheter ces bons ? Parce que vous bénéficiez d'un effet de levier et de temps.

L'effet de levier vous permet pour 22 euros d'acquérir le cas échéant des titres à 170 euros. Si vous aviez dû payer comptant, vous auriez eu à débourser 145 euros.

L'autre avantage, c'est le temps dont vous disposez pour décider d'acheter ou non ces actions

En effet, la valeur du bon de souscription dépend également du temps qui lui reste à vivre. C'est ce qu'on appelle la valeur temps. L'impact de la valeur temps est de plus en plus fort à mesure que l'on s'approche de l'échéance.

S'il reste au bon peu de temps à vivre, sa valorisation éventuelle (par la hausse du titre qui lui est associé) sera gommée plus ou mois par l'effet temps qui diminue la valeur du bon.

On peut également affirmer que si la valeur du titre est inchangée, la valeur du bon va diminuer naturellement à mesure que le temps s'écoule.

L'EFFET DE LEVIER

L'effet de levier permet de ne payer qu'un pourcentage d'un actif et de bénéficier de 100 % de sa progression. La plupart des produits dérivés permettent et favorisent de par leur conception les effets de levier. On retrouve également ce principe, même s'il est atténué, sur le règlement mensuel (voir leçon 3).

L'effet de levier, c'est l'avantage majeur que peuvent procurer des bons de souscription d'actions.

→ Les limites

Toute la subtilité des bons consiste à ne payer trop cher ce droit. Votre intermédiaire, s'il est spécialisé dans ce compartiment de marché, vous indiquera si le bon n'est pas trop cher à acheter et calculera la valeur de l'effet de levier : un effet de levier de 4 signifie que, quand le cours de Bourse monte de 10 %, la valeur du bon augmente de 40 %. En période de marchés volatiles et nerveux les effets de levier peuvent être sensiblement plus élevés que l'exemple présenté.

Mais, évidemment, l'effet de levier est valable dans les deux sens. En cas de chute du titre, la valeur du bon subit de plein fouet une forte dévalorisation. Alors, même si votre perte est limitée à la valeur du bon que vous avez acquis, n'investissez pas plus de 5 % de votre portefeuille dans des bons de souscription. Les bons de souscription sont des instruments plus spéculatifs que les actions en direct. Ils doivent être utilisés pour améliorer la rentabilité de votre portefeuille mais à petites doses.

■ Les warrants

Il en est de même des warrants. Leur utilisation dans les portefeuilles particuliers est récente. Apparus dans les années quatre-vingt, ils étaient en majorité réservés aux professionnels.

→ Qu'est-ce qu'un warrant ?

Au même titre que le bon de souscription, le warrant est une option qui confère à son acheteur un droit sur un titre, un panier de titres, une devise, etc., en échange du paiement d'une prime. Il est émis par un établissement financier qui en assure la bonne exécution, quatre banques assurant l'essentiel des cotations de warrants à Paris : la Société Générale, la Citibank, la BNP (Paribas) et le Crédit Lyonnais. Il est cependant coté en Bourse et dispose à ce titre d'un code Sicovam.

Les warrants portent sur une multitude de «supports», concernant les indices français et étrangers et les principales valeurs individuelles. On appelle ces supports les **sous-jacents**.

À titre d'exemple, acheter un «call» 100 sur Vivendi donne le droit, en échange du paiement d'une prime, d'acheter des titres Vivendi à 100 euros. Vivendi est le sous-jacent.

LE CALL ET LE PUT

Il en est des warrants comme de toutes les formes d'options : on peut soit acheter soit vendre le sous-jacent.

Le call est une option d'achat du sous-jacent ; elle se valorise lorsque celui-ci augmente.

Le put est une option de vente du sous-jacent ; elle se valorise si le sous-jacent baisse.

→ Le fonctionnement

Le fonctionnement d'un warrant, comme celui d'une option en général, est assez complexe et technique. Sans entrer dans des concepts mathématiques, le coût de la prime à payer pour acheter un warrant dépend de deux caractéristiques principales :

– le prix d'exercice : c'est le niveau auquel on peut acheter le sous-jacent si l'on exerce la prime. On l'appelle également le «strike» de l'option. Pour reprendre l'exemple ci-dessus, celui d'un call warrant (option d'achat) si le cours de l'action Vivendi monte au-delà de 100 euros, on pourra le cas échéant exercer le warrant et se retrouver propriétaire de titres Vivendi à ce cours. À l'inverse, acheter un put warrant revient à payer une prime dans le but de vendre des titres. Vendre un put warrant de prix d'exercice 100 revient à anticiper une baisse du titre en dessous de 100. Si cela se produit, vous exercez votre warrant et encaissez la différence entre 100 et le cours constaté ;

– la maturité : c'est la durée pendant laquelle vous disposez de ce droit d'acheter le sous-jacent ; celui-ci en effet est limité dans le temps, sur une durée qui varie généralement entre six mois et un an et demi.

On comprend la relation entre le prix de la prime et ses deux caractéristiques. Plus la durée de vie du warrant est longue, plus la prime sera chère (on retrouve ici comme sur la plupart de ces produits l'impact de la valeur temps évoquée plus haut à propos des bons de souscription). De même, la prime sera d'autant plus élevée que le prix d'exercice sera proche du niveau du sous-jacent : on aura ainsi une plus grande probabilité d'exercer l'option.

Reprenons l'exemple de Vivendi dont le cours est de 90 euros. Le Crédit Lyonnais propose un call 110 ou un call 130. À maturité équivalente, le call

130 sera moins cher que le call 110 car la probabilité que le cours de Vivendi monte au-delà de 130 euros est plus faible qu'à 110 euros. Par ailleurs, le call 130 sera plus cher à une échéance d'un an qu'à une échéance de six mois.

→ Avantages et inconvénients

Le warrant permet de bénéficier d'un bon effet de levier. L'investissement est limité au coût de la prime. En effet, il n'est pas possible de vendre des warrants à découvert.

LA VENTE À DÉCOUVERT

Sur le marché des warrants, vous ne pouvez pas vendre à découvert: vous ne pouvez vendre que si vous avez auparavant acheté l'option équivalente.

Par exemple, vous ne pouvez pas vendre un call warrant si vous ne l'avez pas acheté au préalable.

Sur le marché des options négociables (MONEP) cette possibilité bien que soumise à conditions existe.

Il existe des warrants sur les principales grandes valeurs de la cote, même si certains grands noms comme Alcatel ou Saint-Gobain refusent que des warrants soient émis sur leurs titres.

Les warrants permettent en outre d'acheter plus facilement des indices ou des valeurs étrangères. On peut ainsi acquérir des warrants sur l'indice Hang Seng de Corée du Sud ou le Dow-Jones américain.

Au titre des inconvénients, on signalera la complexité technique de la valorisation du warrant dont la volatilité est une des composantes. L'exercice de l'option ne peut se faire qu'à l'échéance (options « européennes ») et les warrants ne sont pas éligibles dans un PEA, alors que les bons de souscription le sont.

Le warrant s'adresse en priorité aux épargnants audacieux car, si le sous-jacent évolue dans le sens opposé, la valorisation de la prime diminue et peut être nulle à l'échéance. Ils choisiront de préférence des prix d'exercice proches du cours du sous-jacent (on dit aussi proche de « la monnaie ») et d'une durée suffisamment longue (au moins un an).

On peut également utiliser le warrant pour protéger un portefeuille en cas de baisse des cours. On achètera alors un put warrant qui s'appréciera si le marché baisse, venant ainsi compenser plus ou moins la dévalorisation du portefeuille.

Sachez enfin que, pour mieux maîtriser l'utilisation des warrants, les banques émettrices organisent tous les mois des cours destinés aux particuliers personnes physiques. D'après la Société Générale, un tiers de son activité est due aux particuliers.

BONS DE SOUSCRIPTION ET WARRANTS

Émission : le bon est émis par une société, la souscription donne lieu à la création d'actions nouvelles ; le warrant est émis par un établissement financier sans création d'actions nouvelles.

Exercice : exercer un bon revient à acquérir un certain nombre de titres de la société ; exercer un warrant se traduira par la perception d'un différentiel financier et non une perception d'actions.

Support : un bon porte exclusivement sur des actions tandis qu'un warrant peut s'acheter sur une multitude de supports comme les paniers d'actions, les indices ou les devises.

Éligibilité : les warrants ne sont pas éligibles dans un PEA de même que les options MONEP décrites un peu plus loin ; il est possible de mettre dans un PEA des bons de souscription d'action car ils donnent lieu à création d'actions nouvelles et à une livraison en actions.

■ Le MONEP

La place de Paris a développé depuis 1987 avec succès un marché d'options négociables (MONEP) qui porte sur les grandes sociétés françaises cotées sur le règlement mensuel. Chaque grande place financière dispose également d'un marché d'options organisé.

Le mécanisme des options est le même que celui décrit dans le paragraphe sur les warrants. Mais le MONEP a l'avantage sur les warrants d'être un marché organisé. Les échéances et les strikes des options y sont connus et déterminés à l'avance. Les options sont dites américaines, c'est-à-dire qu'elles peuvent être exercées à tout moment au cours de la vie de l'option. À la différence des warrants et des bons de souscription qui sont des valeurs mobilières, les options sont des contrats et sont cessibles à un tiers : le vendeur encaisse le prix de la prime et transfère ses droits au nouvel acquéreur.

En revanche, les options négociables ne sont pas éligibles au PEA. Elles sont environ une cinquantaine et concernent essentiellement des valeurs françaises. Les échéances des options les plus traitées ne dépassent pas trois mois, mais les échéances s'étendent de un mois à deux ans.

■ Le MATIF

Le MArché à Terme International de France est né en 1986 pour permettre de se couvrir contre les variations de taux d'intérêt. Il s'adresse principalement aux entreprises et aux banques désireuses de protéger un portefeuille obligataire ou de la dette à court terme. Le MATIF fonctionne comme le MONEP sous forme de contrats cessibles.

Ses principaux produits couvrent les taux long terme (contrat euro notionnel), les taux court terme (contrat euribor 3 mois) ainsi qu'un certain nombre de contrats dérivés des marchandises (colza, blé, maïs et tourteaux de colza). Ce n'est pas pour vous un produit utilisable sauf à vouloir spéculer contre les variations de taux d'intérêt ou bien être exploitant agricole.

Si les marchés à terme en général vous intéressent de près, sachez que des formations sont dispensées régulièrement sur ce sujet en particulier.

À MANIER AVEC PRÉCAUTION

Dans un premier temps, vous devez savoir que ces produits existent, mais leur utilisation viendra ultérieurement. En effet, ils doivent être maniés avec précaution et comme outil d'accompagnement d'un portefeuille solide. Vous pourrez par exemple envisager de protéger votre portefeuille largement gagnant par l'achat d'une option put CAC 40 sur le MONEP; contre le paiement d'une prime (attention de ne pas vous ruiner), votre option se valorisera si le CAC 40 se met à baisser. Le gain réalisé sur l'option viendra compenser une partie de la baisse de votre portefeuille si la Bourse et le CAC 40 se mettent à refluer.

C'est un exemple d'utilisation parmi d'autres mais qui encore une fois nécessite de nombreuses mises en garde car les options font appel à des modèles mathématiques qui ne sont pas visibles «à l'œil nu». Mieux vaut là encore se former un minimum pour échapper aux pièges de ces produits.

Conseil: investissement maximum: 5 % de votre portefeuille en primes; ne vendez pas d'options.

7

L'information boursière

Que vous gériez vous-même votre portefeuille
ou que vous en déléguiez la gestion à un professionnel,
pour acheter et vendre avec le bon «timing»,
vous allez avoir besoin d'informations,
d'analyses économiques ou pourquoi pas de visualiser
graphiquement l'évolution d'un titre. Où peut-on trouver
de tels renseignements, qui les diffuse, et comment
les déchiffrer? Autant de questions auxquelles
cette leçon tente de répondre.

Où et comment trouver les informations essentielles

■ Comprendre ses besoins

Vos besoins d'information vont dépendre directement de la stratégie que vous allez adopter en matière de gestion de portefeuille :
– si vous choisissez de déléguer une partie importante de votre épargne, vous allez avoir besoin de comparer les différents gestionnaires de portefeuille entre eux et leur stratégie d'investissement ;
– si la gestion personnelle de votre portefeuille est plus importante, ce sont les analyses sur les titres ou sur les secteurs d'activité que vous allez rechercher.
Vous devez également prendre en considération la fréquence de vos opérations de Bourse. Plus elles seront nombreuses et plus l'information doit vous parvenir rapidement.

■ L'information audiovisuelle

→ La presse parlée ou téléphonée

La radio et la télévision ont bien senti l'engouement du public pour les marchés financiers. Depuis quelques années le nombre et la qualité des programmes liés aux actions ne cessent de se développer.

■ LES RADIOS

Les radios généralistes (RTL, Europe 1 et France Inter) ont densifié leur offre le matin et le soir et annoncent dans la journée l'évolution du CAC 40 et des principales places financières.
L'avantage de ce type d'information est d'être très synthétique. Cela permet de connaître la tendance du marché. Cette information suffit si vous êtes investisseur occasionnel ou si vous ne disposez que de peu de temps.
BFM s'est fait la spécialiste de l'économie et de la finance. L'information est complète, de qualité et dépasse le cadre du marché actions. Utile dans le cadre d'une gestion plus audacieuse, ce foisonnement d'informations nécessite du temps pour l'écouter et l'analyser.

■ LA TÉLÉVISION

La chaîne info LCI propose à heures fixes des points d'information sur la Bourse et affiche en incrustation et en permanence l'évolution de l'indice CAC 40. Jean-Pierre Gaillard, qu'il est inutile de présenter, intervient régulièrement sur l'antenne. C'est de l'information et non de l'analyse sauf pour le journal de l'économie à 22 h 40 et les magazines du week-end.
La seule chaîne de télévision spécialisée est diffusée sur le câble ou le satellite. C'est Bloomberg TV.

En résumé, qu'il s'agisse de presse radio ou de télévision, l'information donnée est nécessaire mais pas suffisante. Nécessaire car elle donne la tendance globale et renseigne sur la progression quotidienne de tel ou tel titre mais pas suffisante car mis à part si vous avez la possibilité de suivre BFM sur la radio et Bloomberg TV, vous aurez besoin de vous forger une opinion grâce au recul de la presse écrite quotidienne ou hebdomadaire.

→ La presse écrite

Deux quotidiens dominent le marché : *Les Échos* et *La Tribune*. De nombreux hebdomadaires permettent une vision complémentaire et synthétique du marché et fournissent de précieux conseils tant dans l'analyse fondamentale de titres que dans le domaine de la gestion collective. Citons pêle-mêle *Le Revenu français*, *La Vie financière*, *Finances magazine*, *Investir hebdo* ou *Le Journal des finances*.

■ Bien lire la cote des valeurs

→ Le contenu d'ensemble de la cote

Les principaux quotidiens proposent une page de cours de Bourse plus ou moins détaillée. Les quotidiens spécialisés comme *La Tribune* et *Les Échos*

offrent une information très complète en pages centrales du journal. Vous y trouverez :
– la cote de l'ensemble des valeurs de la Bourse de Paris classées en compartiments : règlement mensuel, comptant, second marché, nouveau marché et marché libre ;
– la cote de certaines valeurs étrangères cotées à Paris et de plus en plus de renseignement sur les valeurs européennes et américaines en général ;
– le marché des options d'actions négociables (MONEP) ; vous constaterez que les cotations des warrants sont indiquées à part : cette présentation résulte du fait que l'organisation et les cotations des warrants ne dépendent pas de Paris Bourse SBF SA mais des banques qui les émettent ;
– le cours des bons de souscription dans la catégorie « droits et bons » sans oublier plusieurs pages sur le marché obligataire qu'il s'agisse des obligations de l'État, des secteurs publics et privés.

→ Lire une cote

Prenons l'un des deux quotidiens généralistes de l'économie et détaillons la lecture de la cote sur le marché des actions. Nous avons choisi notre exemple sur *La Tribune des marchés*, nous aurions aussi bien pu le prendre sur *Les Échos* : seule la présentation est différente, le contenu est de même qualité.

L'information est disponible dans les pages centrales de ces quotidiens.

Prenons un exemple sur une valeur du CAC 40.

Sur la première page de la cote figurent un lexique, des renseignements divers et la nomenclature des services d'activité c'est-à-dire la catégorie dans laquelle est classée l'entreprise.

Exemple avec la Banque nationale de Paris :

BNP (CA) ■		A ou E		**91**	89,7	93,65	449 666 744
				90,7	+1,45	63,5	4
13110	21-5-99	112	596,92	91,2	+17,87	75,7	88,53
2,25	1,5	0,75 T	588,39	89,7	+29,72	0,172	1 980 516

Intéressons-nous à la première colonne :
– la première ligne permet d'identifier l'entreprise ;
– à côté du nom BNP figure le groupe de cotation (CA) pour cotation continue A ;
– le carré noir précise que la société sert de support au CAC 40 ;
– A ou E signifie que le dividende peut être payé en espèces ou en actions ;
– sur la troisième ligne figurent dans l'ordre : le code Sicovam (13110), la date du dernier détachement du coupon (21-5-99), ainsi que le code secteur de la société (le 112 est le secteur bancaire) ;
– la dernière ligne renseigne sur le montant du dernier coupon détaché (2,25) et distingue le coupon net (1,75) de l'avoir fiscal (0,75). Le montant

2,25 représente la totalité du coupon, ce qui est matérialisé par le T.

Les autres colonnes renseignent sur les cours :
– la deuxième colonne contient les cours en francs français : vous savez que depuis le 1er janvier 1999, la devise officielle de la Bourse est l'euro, mais par souci de clarté la conversion en francs a été conservée ; le chiffre supérieur est le dernier cours, celui du dessous le cours de la veille ;

– les quatre chiffres de la troisième colonne résument l'évolution du titre au cours de la dernière séance :
• le chiffre supérieur (91) est le cours de clôture de l'action BNP, c'est le dernier cours connu sur le titre à l'occasion de la dernière séance ; ce cours sert de référence administrative lors de la valorisation des portefeuilles mais également pour les exercices d'option ;
• le suivant (90,7) est le cours d'ouverture, c'est-à-dire le premier cours de la journée, celui où l'on a pu équilibrer le maximum des demandes et des offres ;
• les deux derniers renseignent sur les variations du titre dans la journée en indiquant le cours le plus haut traité (91,2) et le plus bas (89,7) ;

– dans la troisième colonne, le premier chiffre (89,7) est le cours de clôture de la journée précédente ; les autres sont des chiffres statistiques sur la progression du titre :
• le pourcentage de variation de la dernière journée (91) par rapport à la précédente (89,7) ;
• le pourcentage de variation du titre depuis la dernière liquidation, c'est-à-dire depuis la fin du dernier mois boursier ;
• la progression en pourcentage du titre BNP depuis le début de l'année civile ;
– la quatrième colonne indique :
• les variations du titre dans l'année : dans l'ordre, le cours le plus haut (93,65) et le plus bas (63,5) ;
• le cours de compensation sur lequel sont calculés les déports et les reports ;
• le coût du report du mois boursier précédent sur le mois en cours : si vous aviez eu besoin de reporter ou de faire reporter une opération sur le mois suivant, vous auriez payé 0,172 euro par titre (voir la notion de report dans la leçon 3) ;
– la dernière colonne est moins importante au quotidien ; elle fournit les renseignements suivants : le nombre de titres total de l'entreprise et non pas seulement de ceux émis dans le public, le cours nominal de l'action, le cours moyen de l'année civile et le nombre de titres échangés au cours de la dernière séance.

■ La communication d'entreprise

Communiquer est devenu pour les entreprises cotées une activité à part entière. Pourquoi ? Parce que beaucoup d'investisseurs sont des fonds américains qui sont habitués à ce que les entreprises fonctionnent selon des méthodes bien précises : les règles morales des investisseurs, anglo-saxons et américains en particulier, veulent que toutes les informations susceptibles de modifier de façon substantielle les prévisions soient rendues publiques dès que l'entreprise les connaît. Il s'agit d'un véritable code de conduite de l'entreprise à l'égard de ses actionnaires considérés comme ses partenaires. La présence de fonds de pension dans son capital est à ce prix. Communiquer, c'est donc être transparent tout au long de l'année de façon à ce que la publication des résultats financiers de l'entreprise ne s'écarte pas trop des prévisions initiales.

En France, c'est une culture d'entreprise très récente, et c'est un métier nouveau pour une société française cotée que de communiquer à l'anglo-saxonne.

Les valeurs moyennes n'ont cependant pas ce genre de contraintes. Ou du moins pas encore. C'est évidemment dû à la taille des entreprises et à l'intérêt variable qu'elles suscitent. Plus l'entreprise est petite et moins il est facile d'obtenir spontanément de l'information sur son évolution. De nombreux titres du nouveau marché sont malheureusement dans ce cas.

L'AFFAIRE ALCATEL (UNE VALEUR FORTE, UNE COMMUNICATION FAIBLE)

On a déjà évoqué à la leçon 2 la chute vertigineuse du titre Alcatel. Elle est l'illustration d'un accident rare, en particulier sur des valeurs de premier plan. En une journée de bourse, le titre a perdu près de 40 % de sa valeur. Plusieurs dizaines de milliards de francs de valorisation se sont ainsi évaporés. Pourquoi? La raison en est l'annonce de résultats annuels inférieurs aux prévisions escomptées. C'est le lot commun de n'importe quelle action. Alors pourquoi une chute aussi lourde? Parce que, au cours des mois qui ont précédé l'annonce de ces résultats, l'entreprise n'avait pas clairement laissé passer le message que le chiffre d'affaires serait moins bon que prévu. C'est l'absence de transparence qui a été sanctionnée plus que les chiffres eux-mêmes. Or, hormis les institutionnels, les gros actionnaires d'Alcatel étaient des fonds de pension américains.

Depuis lors, le titre s'est refait une santé, a retrouvé en moins d'un an son niveau d'avant sa chute et est redevenu une valeur fétiche de la cote. Mais il aura fallu à son président Serge Tchuruk faire un gros effort de persuasion et de communication. Alcatel a dû modifier son comportement. L'entreprise s'est entre autres engagée à communiquer des résultats trimestriels.

À la Bourse de Paris désormais, la fiabilité de l'information est devenue une stratégie.

Les grands schémas de l'analyse financière

■ L'analyse financière

On l'a vu, le cours de Bourse d'une entreprise est une anticipation de ses résultats futurs. Il existe alors un écart plus ou moins important entre le cours et la valeur intrinsèque de l'entreprise (il arrive que cette valeur soit négative : le cas est peu fréquent, et ne touche que ponctuellement des sociétés cotées en Bourse).

Le travail d'analyse financière est de mesurer si cet écart est à priori justifié par les perspectives futures de l'entreprise. Pour ce faire, l'analyste décortique l'entreprise et en évalue différents aspects en fonction du ou des secteurs d'activité dans laquelle elle évolue. Il en ressort une conclusion : c'est la recommandation. Celle-ci est-elle fiable ?

→ Sur quels critères s'appuie l'analyse ?

Il y a d'une part des critères que l'on pourrait qualifier d'objectifs que constituent les chiffres de l'entreprise.

Ce sont des données comptables : le chiffre d'affaires, les fonds propres, l'endettement à court terme, à long terme, la capacité d'autofinancement de l'entreprise sont autant d'éléments d'appréciation du bilan de la société. L'examen approfondi de ces chiffres et d'autres encore permet de déterminer des ratios précis comparant l'entreprise avec ses concurrentes dans son secteur d'activité.

S'ils sont utiles, il serait fastidieux de les détailler tous. On envisagera cependant ci-dessous le « PER » qui mesure le cours de Bourse par rapport aux bénéfices de la société. Il présente l'intérêt d'être diffusé assez régulièrement par les médias et les publications spécialisées. Il est donc important pour vous de le comprendre.

En deuxième lieu, l'analyste va intégrer des données plus subjectives, moins mathématiques, mais tout aussi essentielles dans sa décision finale : Quelles sont les perspectives de développement de l'entreprise ? A-t-elle atteint la taille critique ? Son secteur d'activité permet-il d'envisager une croissance du même ordre pour les deux ou trois années à venir ? Ce travail s'appuie sur un suivi permanent de l'entreprise. C'est la raison pour laquelle les analystes financiers sont spécialisés dans certains secteurs et pas d'autres. Il serait impossible et inefficace pour une seule et même personne d'espérer couvrir tous les secteurs de l'économie, d'autant que la mondialisation a encore accéléré les évolutions à l'intérieur des secteurs d'activité.

→ **La fiabilité de l'analyse financière**

Les recommandations qui découlent de ces analyses sont-elles fiables ? Il ne s'agit pas en posant la question de mettre en doute leur sincérité, pas plus qu'on envisage la moindre influence de la société analysée sur l'analyste.

Pour autant, il n'est pas exceptionnel que, sur un même titre, deux analyses arrivent à des conclusions différentes voire opposées. Il est alors préférable de se déterminer en fonction de ce qu'on appelle le **consensus de la place**. Il s'agit de la dominante des opinions des analystes sur un titre en particulier, un groupe de titres voire un secteur entier. Comme on l'a décrit, l'analyse financière n'est pas seulement objective. Elle est influencée par la tendance du moment, de la mode… Dans des marchés déprimés, lors de fortes corrections boursières, c'est-à-dire dans des périodes de fortes baisses, la pression à la vente entraîne d'autres réflexes de vente. Cet effet boule de neige n'obéit à aucune logique rationnelle d'analyse. Lors du krach de l'automne 1998, certaines valeurs se sont écroulées en dessous de leur valeur nette comptable, c'est-à-dire de la valeur de l'entreprise « à la casse ». Même si ce phénomène a été vite corrigé, il traduit le décalage entre l'analyse d'une valeur faite dans un contexte donné et la réalité boursière à un instant t.

→ Le PER (« price earning ratio »)

Il ne faut pas acheter un titre trop cher. Mais comment se rendre compte qu'une action est chère ?

Ce n'est pas parce qu'une action vaut 10 euros et une autre 100 que la première est nécessairement moins chère. Si vous suivez régulièrement l'évolution d'une action, vous aurez vite des repères. Sinon, les différents ratios permettent de donner un premier élément d'appréciation. Parmi ceux-ci figure le PER (price earning ratio). Ce terme barbare cache un indicateur qui mesure le cours de Bourse comparé au bénéfice de l'entreprise. Il est publié par les principaux magazines spécialisés.

Plus le chiffre du PER est élevé, et plus l'entreprise est chère. Comparez ensuite ce chiffre avec ceux du secteur économique dans lequel évolue l'action. Car comparer entre elles deux actions de secteurs différents n'apporte pas beaucoup d'information. Le PER de Carrefour est de 28 alors que celui d'Usinor n'est que de 7. Pourtant, en période de croissance, la grande distribution (Carrefour) a plus de chances de performer que la sidérurgie (Usinor). En revanche, mettre face à face les PER de Carrefour, Casino ou Wolmart (un des leaders de la distribution en Grande-Bretagne) permet des analyses intéressantes.

Malgré tout, cela reste insuffisant, la Bourse n'étant pas une science exacte. D'autres éléments doivent vous permettre d'affiner votre jugement. Comme on l'a vu dans le cas du titre Alcatel à l'automne 1998, la qualité d'un titre aujourd'hui tient à l'information qui lui est consacrée.

■ Les agences de rating

Vous entendrez sûrement parler d'« agences de rating ». En France, on dit également : « agences de notations ». Ce sont des organismes indépendants chargés d'évaluer la sécurité financière des entreprises, des banques, des compagnies d'assurance et même des États. Ils attribuent à chaque société une note qui mesure sa capacité d'emprunteur. Plus cette note est élevée, et plus la capacité de payer les intérêts d'emprunts et de rembourser le principal est élevée. En France, c'est l'État qui bénéficie de la note la plus élevée. Sa capacité de remboursement est jugée maximale. Trois agences mondiales notent les emprunteurs : Moodys, Standard & Poors et, la plus petite, Fitch IBCA.

→ Le rating ou la notation

Le rating désigne la note attribuée à la société notée. Ce n'est pas une obligation légale, mais les investisseurs étrangers ont l'habitude de se référer à des notes officielles.

Cette note prend la forme d'une lettre, de A à D, chaque lettre faisant l'objet de sous-catégories. En haut de l'échelle, la notation maximum est « AAA » : on dit triple A. À l'inverse, la note « D » signifie une capacité de remboursement à gros risque.

On distingue les notes court terme (à moins d'un an) des notes long terme. Chaque événement majeur de la vie de l'établissement noté peut faire l'objet d'une mise sous surveillance. La note est alors mise entre parenthèses en attendant qu'on en sache plus. À l'issue d'une analyse effectuée par l'agence de notation, la note peut être maintenue mais aussi être diminuée (**abaissement**) ou relevée (**relèvement**).

→ L'impact du rating sur l'entreprise

Encore une fois, le rating n'est pas obligatoire. Mais de plus en plus d'entreprises demandent à être notées (ce qui représente un coût pour elles), à la fois pour améliorer leur capacité d'emprunt et pour se faire connaître au niveau international.

La note détermine également le coût de l'emprunt. Plus elle est élevée, et plus faible sera le taux d'emprunt de la société. Toute dégradation de la note entraîne un renchérissement du coût de refinancement de l'entreprise et une augmentation de ses charges. L'impact sur l'image et le cours de Bourse s'en trouvent altérés.

Analyser les opérations particulières

■ Les introductions en Bourse

Il existe plusieurs procédures d'introduction en Bourse.

→ L'offre à prix ferme

Il s'agit de la procédure la plus classique. Elle consiste à déterminer par l'organisme introducteur (celui par qui l'entreprise qui désire être cotée passe) une fourchette de prix à l'intérieur de laquelle se trouve le prix définitif. Il arrive cependant que celui-ci soit en dessous ou au-dessus de cette fourchette. En cas de forte demande (c'est le plus souvent le cas sur des petites valeurs ou des valeurs de la « nouvelle économie »), les ordres pourront être réduits mais Paris Bourse SA tente de privilégier les petits ordres.

LES DANGERS DES INTRODUCTIONS EN BOURSE

Si l'on met de côté les grandes privatisations qui aboutissent toujours à servir un nombre de titres décents, les introductions en Bourse sont souvent des «pièges à gogos». Ce n'est pas tellement que vous ayez eu un titre au lieu de vingt (ce qui est déjà déplaisant en soi), mais c'est surtout que les frais qui s'y rapportent deviennent démesurés. Il y a en effet sur des petits ordres des frais minimums dits «incompressibles». Dans la pratique, ils peuvent être réduits à force de négociations: c'est indispensable pour ne pas découvrir que, malgré une hausse de 20 %, vous affichez toujours une perte en raison des frais. Récemment, l'introduction du courtier en ligne Self Trade n'a donné lieu «qu'à» une hausse de 15 % du titre lors du premier jour de cotation. De 12,5 euros, le titre est passé à 14,25, ce qui est un gain plus que respectable. Seulement, avec 2,5 euros incompressibles de frais par titre, le point mort était à 15.

Même si les introductions ne sont pas faites pour acheter des titres et les revendre le premier jour, cela peut se comprendre dès lors que vous ne disposez que de un titre ou deux. Il serait grand temps d'augmenter la part réservée au public qui régulièrement fait les frais de ce types de procédures d'introduction.

→ L'offre à prix minimal

Les ordres passés sont libres au-delà d'un prix minimal fixé au départ. Aucun ordre en dessous n'est accepté. Au-dessus, les ordres doivent être limités et se situer à un niveau raisonnable.

Paris Bourse SA détermine ensuite un cours d'équilibre, ce qui n'exclut pas la réduction du nombre de titres servis sur chaque ordre en cas de forte demande.

→ Le placement garanti

Il s'agit d'une procédure qui échappe bien souvent aux particuliers. Elle est le plus souvent réservée aux investisseurs institutionnels qui en outre bénéficient de la majeure partie des titres émis. Elle prend généralement la forme d'une offre à prix ferme.

■ Les augmentations de capital

Elles répondent à un objectif qui est d'accroître le capital social de l'entreprise (ses fonds propres) et donc ses moyens financiers. En cas d'apport de capitaux nouveaux, l'opération permet d'augmenter les fonds propres de l'entreprise et de réduire son endettement. Elle peut être utilisée pour financer le développement (croissance interne ou externe) ou équilibrer la structure financière.

Techniquement, une augmentation de capital peut être réalisée par apport en numéraire, en nature ou par incorporation de réserves:

– l'augmentation par apport en numéraire consiste à créer des actions qui seront achetées par de nouveaux ou d'anciens actionnaires;

– l'augmentation par apport en nature crée de nouvelles actions qui serviront à rémunérer des apports d'actifs (apports de matériel, de brevets, de marques, etc.);

– l'incorporation d'une partie des réserves est une augmentation de capital à titre gratuit: les nouvelles actions sont attribuées aux anciens actionnaires ou associés au prorata de leur participation. Le prix à payer est fixé par l'entreprise. Il peut comporter un prix préférentiel pour vous si vous êtes déjà actionnaire. Le nombre de titres dont vous pouvez bénéficier lors de l'augmentation de capital est proportionnel au nombre de titres que vous possédiez avant l'annonce. L'augmentation de capital peut influer sur le cours de Bourse dans un sens ou dans un autre. Y participer n'est pas obligatoire mais si vous n'y souscrivez pas, votre part du capital de l'entreprise sera plus faible à l'issue de l'augmentation.

■ Les privatisations

→ Le champ d'application

En 1982, conformément au programme politique sur lequel il avait été élu, le gouvernement de Pierre Mauroy a mené une politique de nationalisations. Le programme a porté sur une dizaine de groupes industriels et près de 40 banques.

C'est pendant la première cohabitation, de 1986 à 1988 et à partir de 1993, qu'a eu lieu l'essentiel des privatisations. En 1997, le gouvernement de Lionel Jospin a dans un premier temps gelé le programme pour le rétablir mais dans de moins grandes proportions. Paradoxalement, c'est à cette période (en octobre 1997) qu'a eu lieu la plus grosse opération de privatisation: celle de France Télécom.

Les opérations de privatisation sont des introductions en Bourse un peu particulières. Il s'agit, comme leur nom l'indique, de privatiser des entreprises qui appartiennent à l'État: c'est un peu de votre patrimoine qu'on vous propose d'acheter. Les conditions d'acquisition sont plus avantageuses que pour une introduction classique et ce n'est que justice.

→ Les conditions d'acquisition

Il faut faire la demande de soumission auprès de votre intermédiaire en précisant le nombre de titres que vous souhaitez acheter. En règle générale, le prix d'achat des sociétés à privatiser est fixe et connu à l'avance. On le désigne généralement sous le nom de cours d'introduction.

Vous pouvez soumissionner autant de fois qu'il y a de personnes dans le foyer fiscal. Les enfants peuvent donc acheter des actions sans détenir de compte titres. Les titres éventuellement acquis seront portés sur votre compte titres personnel. Une famille avec trois enfants peut donc faire cinq demandes au total. C'est une des dernières primes à la famille !

Les avantages spéciaux sont :
– une action gratuite pour dix achetées au bout de 18 mois de détention : il s'agit d'une mesure destinée à encourager la stabilité des actionnaires et dissuader les prises de plus-value à court terme ;
– pas de frais de courtage à l'achat.

→ Est-ce intéressant d'acheter ?

L'État ne prend pas le risque de privatiser des entreprises déficitaires : ce sont des entreprises saines qui sont mises sur le marché. Le prix à l'introduction est généralement attractif pour le public. Et, statistiquement, les bonnes affaires sont nombreuses. Pour ne citer que la plus connue, la privatisation de France Télécom s'est faite sur la base d'un cours de 27,75 euros (182 francs). Il aura fallu moins de deux ans pour que le cours de l'action soit multiplié par 4. Alors allez-y sans grand risque.

On regrettera que les titres mis à la disposition des personnes physiques ne couvrent généralement pas la demande. En effet, la majorité des actions est « préplacée » auprès des investisseurs institutionnels et des actionnaires de référence. Ce sont ceux qui forment le « noyau stable » du capital, que l'on

désignait autrefois sous le nom de « noyau dur ». Une autre part est réservée aux salariés : sous certaines conditions, le prix est pour eux encore plus avantageux, ce qui n'est pas le cas pour les institutionnels qui paient un prix supérieur à celui du public.

Si la demande de titres est très forte, ce qui est souvent le cas vu les conditions, le nombre d'actions qui vous seront attribuées sera réduit. Par exemple, sur la privatisation du Crédit lyonnais (gros succès), le nombre de titres attribués par personne était de 30. Que vous ayez demandé 100 ou 200 titres, vous ne pouviez en avoir que 30. Mais pour une famille de cinq personnes, cela faisait tout de même 150 titres.

Le cours de l'action du Crédit Lyonnais a pratiquement doublé 6 mois après son introduction en Bourse.

Appréhender le cours de Bourse à l'aide de graphiques

À l'analyse fondamentale, qui prend en compte les données économiques et chiffrées de l'entreprise, on a coutume d'opposer l'analyse technique. Celle-ci se définit comme l'étude du comportement du marché à travers l'utilisation de graphiques. On dit **charts** en anglais, d'où son nom également d'analyse chartiste. Le but en est d'anticiper les cours

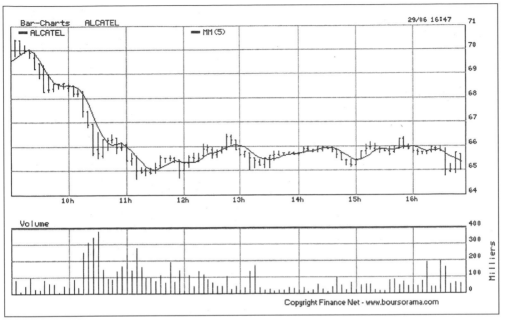

Graphique 1 : un bar chart

futurs à travers des comportements identifiables dits tendances ou **trends** en anglais. C'est une technique venue des États-Unis et dont le nombre d'utilisateurs en France ne cesse de croître.

Admettre la valeur de l'analyse technique revient à accepter quelques principes :

– seule l'évolution du cours est à surveiller, indépendamment des raisons qui le font évoluer ; un événement économique ou politique n'est pas à prendre en compte ;

– le prix doit être le reflet de l'offre et la demande : en d'autres termes, il ne peut y avoir d'analyse technique fiable sur un titre dont les comportement sont le plus souvent anormaux ;

– le mouvement des prix représente une suite arithmétique et géométrique permanente ;

– l'histoire se répète.

■ Comment lire un graphique ?

→ Le « bar chart »

C'est le type de graphique le plus largement utilisé. On l'appelle « bar » car chaque journée de Bourse y est représentée au moyen d'une barre verticale. L'ordonnée du graphique (l'axe vertical) représente les variations de cours. L'abscisse mesure le temps.

Une barre verticale réunit deux points : le plus haut cours de la journée et le plus bas. Pour être complet, un bar chart intègre également un trait horizontal sur la partie droite de la verticale tracée qui représente le cours de clôture du titre (voir graphique 1).

Cette succession de lignes verticales met en évidence les lignes au-dessus et en dessous desquelles il est opportun d'intervenir.

On peut également utiliser un « **line chart** » où chaque journée est schématisée par un point (généralement le cours de clôture). On obtient ainsi un graphique qui ressemble à une courbe de température (voir graphique 2).

→ Les tendances

C'est le but de l'analyse technique : déterminer une probable tendance qui se dégagerait des différentes figures géométriques.

Le trend se construit au fur et à mesure de l'évolution du marché. Aucun marché n'est linéaire. En Bourse, même si la tendance de fond est à la hausse, celle-ci n'est pas permanente. Mais points hauts et points bas permettent de donner une direction.

Contrairement à ce que l'on pourrait penser, il existe trois tendances et non deux : un trend haussier (voir graphique 3), un trend baissier (voir graphique 4) et un trend horizontal qui n'en demeure pas moins une tendance (voir graphique 5). C'est cette dernière tendance qui a dominé sur le marché de l'or entre 1985 et 1995 : il a évolué dans une fourchette de cours comprise entre 300 et 400 dollars l'once. Presque invariablement, à chaque fois que le marché se rapprochait de 300 dollars, il remontait et dès lors qu'il butait sur ce cours, il rebaissait.

→ Dégager une tendance

Le graphique 6 montre une tendance de marché haussière entre les points 1 et 4 : c'est la tendance principale. Elle

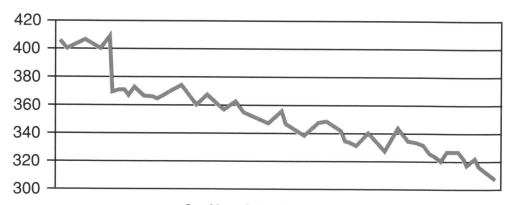

Graphique 2 : un line chart

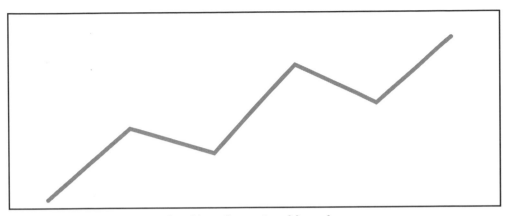

Graphique 3 : un trend haussier

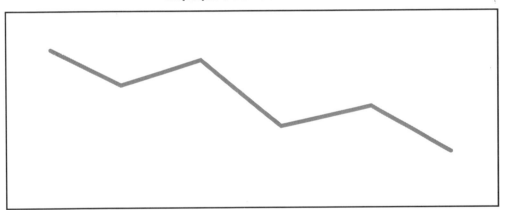

Graphique 4 : un trend baissier

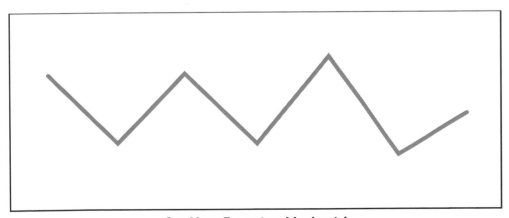

Graphique 5 : un trend horizontal

est ici schématisée par une série de droites mais il faut imaginer un bar chart qui, entre le point 1 et le point 4, représente la tendance sur un an.

À l'intérieur de cette tendance se dégagent deux trends haussiers différents entre les points 1 et 2 d'une part et 3 et 4 d'autre part : ce sont des trends haussiers secondaires.

Comme le montrent les graphiques 7 et 8, il est possible de matérialiser une ligne de support (graphique 7) et de résistance (graphique 8) à partir des points 1 et 3, et idéalement à partir des points 1, 3 et 5. Plus les lignes de support et de résistance s'appuient sur un nombre élevé de points et plus elles sont fiables.

Si l'on reprend l'exemple du graphique 7, tant que le marché bute sur la ligne sans la casser, le trend est haussier. La position à l'achat peut être conservée. Si ce support venait à être franchi, il conviendrait de revoir sa position.

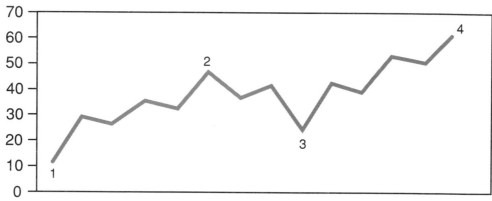

Graphique 6 : une tendance haussière

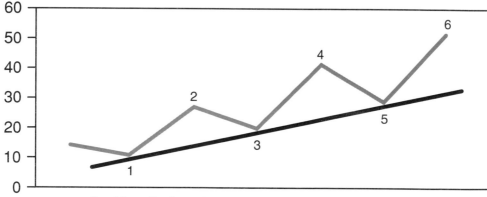

Graphique 7 : ligne de support sur une tendance haussière

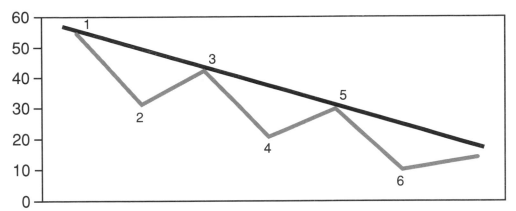

Graphique 8 : ligne de support sur une tendance baissière

Il existe une très grande variété de figures distinctes (le drapeau, le W, le papillon, les vagues d'Elliot, etc.). Chacune mesure l'évolution particulière d'un titre à travers une visualisation graphique.

■ Avantages et inconvénients de l'analyse technique

Loin de remplacer l'analyse fondamentale, l'analyse technique est un bon outil d'aide à la décision. Elle permet de visualiser instantanément l'évolution d'un titre et permet de se fixer des repères et des objectifs de revente.

En revanche, l'analyse graphique ne peut s'appliquer sur tous les titres car elle suppose une régularité des échanges et de la liquidité sur les titres.

La fiabilité des figures, des lignes de support et de résistance suppose qu'elles soient repérées par le plus grand nombre d'investisseurs.

8

Valoriser
son portefeuille

Quand on « joue » en Bourse, c'est évidemment
pour valoriser son portefeuille. Il importe donc de mesurer
le rendement que l'on peut tirer de tel ou tel placement
afin de les comparer et de choisir le plus intéressant,
mais aussi de calculer la valeur de son portefeuille
pour suivre son évolution par rapport à l'indice,
enfin de savoir évaluer le meilleur moment pour acheter
ou revendre par rapport à ses objectifs.
S'agissant de taux d'intérêt, les comptes
ne sont pas toujours simples, d'autant qu'ils évoluent,
et ils peuvent prêter à interprétation.
Nous allons essayer dans cette leçon
d'y voir plus clair.

Les références de taux d'intérêt

Dans la famille des taux d'intérêt, il est souvent difficile de s'y repérer car chaque taux fait appel à une référence bien précise et bien souvent distincte des autres. Que ce soit sur le marché obligataire ou dans le cadre de la gestion déléguée et même pour calculer le rendement de votre portefeuille, vous devez connaître les principales références de taux utilisées sur les marchés financiers.

■ Le rendement actuariel

Un capital de 100 francs placé à 8 % par an pendant trois ans ne vous donnera pas 24 % à l'échéance. Pourquoi ? Il convient de comprendre que les intérêts dégagés par la première année, à savoir 8 %, sont capitalisés. Votre capital à partir de la deuxième année n'est plus 100 francs mais 108 francs qui eux-mêmes produiront 8 %. Et ainsi de suite.
La formule qui permet de calculer directement cette valeur au bout de x années est la suivante :

$$Cf = C \, (1 + I)^n$$

Cf représente votre capital final
C votre capital initial
I le taux d'intérêt et n le nombre d'années
Dans notre exemple, votre capital au bout de trois ans sera de :

$$100 \, (1 + 8/100)^3 = 125{,}97 \text{ francs}$$

Le principe du calcul actuariel suppose que le réinvestissement des coupons se ferait au taux de 8 %. Ce taux de 8 % correspond au taux de marché au moment de la mise en place du produit. Mais, au bout d'un an, le niveau des taux a pu baisser ou monter. Les intérêts produits la première année, soit 8 francs, seront réinvestis au taux du moment. Le résultat final risque d'être légèrement différent selon le taux de réinvestissement du coupon.
Ce calcul permet cependant de mieux appréhender les publicités attirantes de certains organismes financiers. « Recevez 25 % sur trois ans ». Si 25 % semblent alléchants, il faut pouvoir comparer ce qui est comparable. Que rapportent en réalité 25 % sur trois ans ramenés en rendement annuel. La même formule que précédemment permet de répondre immédiatement : 5,73 % par an. Vu sous cet angle, le rendement est moins fabuleux.

■ Les taux directeurs

Comment la Banque de France (cf. encadré) agit-elle sur les taux d'intérêts ?
Sans entrer dans des détails qui nous éloigneraient de notre sujet, il faut savoir que la Banque de France procède une fois ou deux par semaine à ce qu'on appelle des appels d'offres au cours desquels les établissements finan-

À QUOI SERVENT LES TAUX D'INTÉRÊTS ?

La politique économique de la France a pour but d'assurer la croissance du pays, la stabilité des prix et de concourir au plein emploi : vaste tâche à laquelle s'astreint la politique monétaire dont la Banque de France est le garant. Pour ce faire, la Banque de France est guidée par des indicateurs au nombre desquels figure le niveau des taux d'intérêts, ou *courbe des taux*. On parle de taux d'intérêts au pluriel car il n'existe pas un taux unique mais plusieurs, qui dépendent de la durée du prêt ou de l'emprunt. La courbe des taux représente à un instant donné les différents taux d'intérêts selon des durées comprises entre 1 jour et 30 ans.

En agissant sur les taux d'intérêts, la Banque de France veille à la stabilité des prix et limite l'inflation. Il est facile à priori de comprendre la relation entre les taux et les prix : plus les taux sont élevés et moins la tentation d'emprunter est forte. Moins d'emprunt donc moins de consommation, on sait qu'une variation des taux d'intérêts influe sur la demande de crédit ; à l'inverse, des taux d'intérêts très bas contribuent à une reprise des crédits qui se traduisent par une augmentation de la consommation. Tel est le principe, même si des taux bas constituent une condition nécessaire à une reprise de la croissance, mais non suffisante.

son taux. Le principal est aussi le plus connu : c'est le taux directeur. À quelques variantes près, ce taux direc-teur fonctionne de la même manière dans les principaux pays industrialisés. Ainsi, lorsque la Réserve fédérale américaine (la FED), c'est-à-dire l'équivalent de la Banque de France, remonte ses taux d'intérêts, elle le fait par le biais de ses taux directeurs.

■ Un taux directeur unique

Depuis le 1er janvier 1999, la tâche dévolue à la Banque de France de procéder aux appels d'offres a en fait été confiée à la Banque centrale européenne présidée par le Néerlandais Wim Duisenberg.

Autrement dit, existe désormais un taux directeur unique pour tous les pays de la zone euro. La Banque centrale européenne est chargée de coordonner l'ensemble des politiques monétaires nationales. Cette centralisation n'est pas sans poser de difficultés. En premier lieu, la fixation du taux directeur doit refléter la situation économique de la zone euro. Or, celle-ci est loin d'être uniforme. On ne peut en effet comparer la situation économique de l'Espagne et du Portugal avec celle de l'Allemagne ou l'Italie. D'un côté, une péninsule ibérique en forte croissance sur laquelle pèse un risque inflationniste certain ; de l'autre, deux éco-

ciers viennent emprunter de l'argent. Ces appels d'offres agissent directement sur la liquidité bancaire. La Banque fixe à la fois le « volume » de la liquidité et nomies qui, dans le concert européen, font figure de retardataires. On pourrait citer aussi l'Irlande dont la croissance est supérieure à 5 % alors que la France en est à peine à 3 %.

Il est donc très délicat de contenter l'ensemble des pays de la zone euro par une politique unique. En relevant ses taux d'intérêt, la Banque centrale européenne atténue les risques inflationnistes dans les pays à forte croissance mais risque de pénaliser par des taux d'intérêt trop élevés la reprise économique chez d'autres. « *In medio stat virtus* », mais cette ligne de conduite est pour le moment hasardeuse.

Une politique monétaire incertaine, c'est aussi une crédibilité affaiblie pour une banque nouvelle née de l'union monétaire de plusieurs grandes nations et héritière de l'aura d'une Bundesbank ou d'une Banque de France.

■ Le taux directeur et la parité de change

La politique monétaire de la Banque centrale européenne doit aussi s'accommoder de la parité de sa devise avec les deux autres devises mondiales que sont le yen et avant tout le dollar américain.

Pour la première fois de sa jeune histoire, la parité de l'euro s'est durablement inscrite en dessous de 1 dollar au début de l'année 2000. En un an à peine, la devise européenne s'était dévaluée de plus de 15 %. Plus encore depuis. Si la baisse d'une devise est un atout dans certains compartiments économiques (commerce extérieur entre autres), on sait aussi que la stabilité d'une devise est une force et une sécurité pour les capitaux investis. En clair, plus la devise est faible et moins les investisseurs y placent des capitaux. Les différentes crises des marchés émergents ont entraîné de massives dévaluations de leurs devises avec pour conséquences des fuites tout aussi massives de capitaux qui ont a leur tour accentué la baisse des devises en question. Un véritable cercle vicieux.

L'euro n'en est pas là malgré sa relative faiblesse. Mais plus l'écart de rendement s'accentue entre les États-Unis et l'Europe, et plus la devise unique est pénalisée.

Il y a donc dans la politique de la Banque centrale européenne un élément supplémentaire à prendre en compte : le niveau de l'euro.

Un exemple illustre bien ces difficultés. Le 4 février 2000, la Réserve fédérale américaine a relevé ses taux d'intérêt d'un quart de point (0,25 %) en les portant à 5,75 %. L'euro s'en est trouvé à nouveau malmené tombant à 0,97 dollar. Avec un euro en poche, on n'avait même plus de quoi se payer un dollar !

LES CONSÉQUENCES DES VARIATIONS DE CHANGE SUR VOTRE PORTEFEUILLE

On a déjà souligné que l'un des avantages de la monnaie unique est d'ores et déjà pour vous de pouvoir acquérir des actions d'autres pays de la zone euro sans risque de change. Il n'en est pas de même si vous décidez d'acheter des actions étrangères en Grande-Bretagne ou aux États-Unis. Il existe dans ce cas un risque de change qui peut être en votre faveur mais qui peut aussi anéantir votre plus-value.

Prenons un exemple concret.

Vous décidez d'investir un portefeuille de 10 000 euros dans des valeurs technologiques aux États-Unis. Vous ouvrez pour ce faire un compte spécifique en devises avec votre intermédiaire. À ce moment la parité de l'euro contre le dollar (on dira euro/dollar) est de 1. Cela signifie qu'on vous échange 1 euro contre 1 dollar. C'est assez simple : votre compte en devise est crédité de 10 000 dollars.

Vos investissements vous rapportent 10 % au bout de 6 mois. Vous décidez de vendre votre portefeuille. Votre compte est crédité de 10 000 % + 10 % soit 11 000 dollars (on ne tient pas compte des frais). Tant que vous gardez ce compte en devises américaines, vous avez bel et bien gagné 10 %. Mais si vous décidez de le fermer et de reconvertir vos dollars en euros la parité euro/dollar et surtout son évolution depuis 6 mois va se révéler cruciale.

Si l'euro s'est apprécié à 1,10 dollar, c'est-à-dire si pour 1 euro on vous donne désormais 1,10 dollar cela veut dire que 11 000 dollars ne valent plus que 10 000 euros. Vous voilà revenu à la case départ uniquement parce que la parité de change n'a pas évolué dans le bon sens.

Les solutions pour couvrir le risque de change à travers des options ne sont guère applicables aux particuliers compte tenu des montants en jeu. La meilleure manière d'éviter ce risque est d'investir à travers des organismes de placements collectifs qui, à la fois par les montants investis et par leur expérience professionnelle, prennent en compte ce risque de change et mettent en place les couvertures de change. À votre niveau, votre investissement reste en euros. Vous ne prenez pas personnellement de risque en capital dû au change.

Deux jours plus tard, le 4 février, se tenait la réunion bimensuelle de la Banque européenne. Que devait-elle faire ? En relevant ses taux, elle risquait de freiner la croissance inutilement alors que le risque inflationniste était sous contrôle. Mais, d'un autre côté, elle rémunérerait mieux les capitaux exprimés en euros et contribuerait à une meilleure défense de l'euro. Elle a finalement choisi de remonter elle aussi d'un quart de point ses taux directeurs, de 3 % à 3,25 %. C'est l'exemple d'une décision pour laquelle le niveau de la devise aura été prépondérant. Si l'euro avait été moins malmené, cette décision eût pu être sans doute différée.

De même, lors de sa réunion du 8 juin 2000, la Banque centrale européenne a remonté à nouveau ses taux directeurs de 0,50 % confortant ainsi la reprise de l'euro qui s'amorçait depuis un mois.

■ Les taux de référence des SICAV

Dernier élément à connaître : les différentes références de taux d'intérêts qu'utilisent les gérants de portefeuille ou Paris Bourse SA dans les calculs de taux de report.

Les références de taux d'intérêts sont nombreuses et il serait fastidieux d'en faire un catalogue. Elles se rapportent en général à des périodes de temps (3 mois, 1 an, 10 ans) et à des modes de calcul (monétaire, actuariel…)

On citera en préambule le taux de base bancaire bien qu'il soit de moins en moins une référence absolue. C'est le taux directeur des banques commerciales pour le crédit. Il est censé fixer le coût du crédit hors commission. C'est un taux minimum. À chaque modification du taux directeur de la Banque centrale, les banques commerciales ajustent ce taux de base connu sous le nom de TBB (taux de base bancaire). Il sert également à fixer la base des conditions débitrices de votre compte en banque.

Mais de plus en plus de banques s'éloignent de ce taux au profit de taux de marché plus souples. Les organismes de placement collectifs se servent de ces différents taux pour comparer leur performance.

Sur les actions, les SICAV indicielles se comparent au CAC 40.

Les OPCVM monétaires peuvent s'étalonner par rapport au TMP, au T4M ou à l'euribor 3 mois :

– le TMP (Taux moyen pondéré), c'est le taux de l'argent au jour le jour. C'est un taux quotidien qui représente la moyenne pondérée des transactions constatées auprès des principaux opérateurs de la place de Paris. Il ne mesure que le taux des prêts et des emprunts sur un jour : vous prêtez de l'argent lundi pour le récupérer mardi. C'est donc la référence de taux la plus courte. Les gérants de SICAV monétaires dites régulières font appel à ce type de placement qui se renouvelle tous les jours. C'est un taux franco-français car même s'il est calculé en euros, sa méthode de calcul et les opérateurs interrogés en font un taux dont seule la France se sert ;

– par extension, le T4M (pour Taux moyen mensuel du marché monétaire) est la moyenne mensuelle des différents TMP du mois. C'est par exemple le taux moyen auquel vous auriez pu prêter de l'argent tout au long du mois de mai ;

– le troisième taux que nous évoquons est plus européen au sens zone euro : l'euribor est calculé quotidiennement sur différentes périodes allant de 1 mois à 12 mois et s'appuie sur des cotations officielles d'établissements bancaires prises à 11 heures du matin chaque jour. Il existe donc un taux quotidien de l'euribor 3 mois qui mesure chaque jour dans la zone euro ce que vaut sur le marché monétaire (donc pour les professionnels) un prêt bancaire à 3 mois. Ce taux fluctue en fonction de l'offre et de la demande et du niveau des taux directeurs de la Banque centrale européenne. À votre niveau, vous rencontrerez les taux euribor comme référence de nombreux OPCVM ainsi que pour la mise en place de prêts personnels à taux variables que ce soit des prêts à la consommation ou des prêts immobiliers.

■ La relation entre les actions et les taux d'intérêts

→ Le principe des vases communicants

Généralement, des taux d'intérêts élevés ont tendance à pénaliser la Bourse alors que des taux faibles l'avantagent. Pourquoi ?

Quand les taux sont forts, le coût des investissement des entreprises est plus important et vient affaiblir le résultat global de l'entreprise. Il peut également conduire à différer certains investissements au profit de placements financiers jugés plus attractifs.

Deuxième raison, plus les taux d'intérêts sont forts et plus les rendements des obligations ou des produits monétaires sont attirants pour des investisseurs. Or on sait que le risque à acheter des emprunts de l'État est extrêmement faible. Si la rentabilité s'améliore, on assiste à des transferts de portefeuille d'épargne du marché des actions vers celui de l'obligataire.

Si ce phénomène ne se produit pas, le marché des actions s'autoentretient. Acheter des actions fait monter leur cours ce qui déclenche de nouveaux achats et ainsi de suite. Aux États-Unis, il arrive que certains mois, le taux d'épargne soit négatif. Cela signifie que les ménages américains s'endettent pour acheter des actions. Le coût de l'emprunt est de toute façon inférieur à celui que rapporte l'achat d'actions dans un marché qui monte.

→ Le taux d'épargne

Les États-Unis vivent depuis 1991 une période d'expansion sans précédent. Une croissance saine, sans inflation, et qui se traduit par une consommation frénétique. Le taux d'épargne, calculé par rapport au revenu disponible des ménages, était en France, par exemple, au début de l'an 2000, de 13 %. Par comparaison, il est à peine de 2,5 % outre-Atlantique tandis que le taux d'endettement a grimpé à 90 %. L'achat à crédit constitue une forme de complément de revenu tant que le système s'autoentretient.

On comprend mieux le caractère très spéculatif du marché. On parle régulièrement de cette bulle spéculative ; la consommation provoque de l'endettement, mais le fait de savoir que l'on peut s'endetter provoque à son tour la consommation. C'est un cercle vicieux car un Américain sur quatre possède un portefeuille en actions (pour le moment vous n'êtes en France qu'un ménage sur dix). Lorsque les économistes se penchent sur les chiffres de la consommation américaine, ils constatent que la hausse des dépenses des ménages est supérieure à la progression de leurs revenus salariaux ; preuve supplémentaire que le surcroît de dépense provient de profits réalisés en Bourse.

Calculer la performance de son portefeuille

Calculer la performance de son portefeuille n'est pas chose facile. Idéalement, il faudrait tout avoir acheté au 1er janvier pour avoir une performance annualisée et homogène. Ce n'est pas envisageable. Il faut néanmoins rapporter l'ensemble de vos opérations à une valeur annualisée pour la comparer ne serait-ce qu'à celle de l'indice. Pour autant, il faut distinguer ce résultat de la performance réelle.

■ La performance annualisée

Pour comparer un rendement, il faut une unicité dans le temps : si vous gagnez 10 % sur trois mois, votre rendement n'est pas le même que si vous gagnez 10 % sur un an. D'où la notion de rendement annualisé.

On a vu, au début de cette leçon, que les chiffres étaient trompeurs. Si vous faites 10 % en six mois, cela correspond à un rendement annualisé, donc rapporté en valeur annuelle, de 20 % ; 10 % sur trois mois font un rendement annuel de 40 %. Effectuez cette opération sur l'ensemble de vos lignes de titres et pondérez chaque ligne par le montant qu'elle représente. Additionnez le tout et divisez par le montant du portefeuille. C'est le chiffre obtenu qui doit être comparé à l'indice.

■ La performance réelle

La performance réelle est plus simple à calculer mais aussi plus trompeuse. C'est en fait la différence à un instant donné entre le montant investi et le montant que vous auriez si vous vendiez à cet instant. On s'appuie sur le dernier cours de Bourse connu de vos actions.

Prenons un exemple : vous achetez un titre 50 euros que vous revendez quatre ans après 100 euros. La performance réelle est de 100 %. Mais comme vous avez mis quatre ans pour la réaliser, il faut la rapporter en performance annuelle actualisée. Le résultat est de 18,92 % par an. Ce n'est pas mal mais c'est moins flatteur que les 100 % initiaux.

■ Un exemple de portefeuille

Pour mieux comprendre ces notions de rendement voici un exemple sur un portefeuille réel.

Vous avez acheté des obligations à 5 % ; la performance qu'on vous propose est annuelle.

Par ailleurs, vous avez acheté des titres Lagardère à 100 euros le 1er février et vous les revendez le 1er avril à 105 euros : vous avez également gagné 5 % (on mettra de côté volontairement les frais). La performance réelle est bien de 5 %, mais la performance relative fait apparaître un gain annualisé de près de 30 % (5 % sur deux mois soit 6 fois plus en base annuelle).

La différence de rendement entre ces deux opérations tient au fait que dans un cas vous avez réalisé cette perfor-mance en deux mois et dans l'autre en un an.

Il va de soi que si vous n'effectuez plus aucune opération de Bourse de l'année votre performance annualisée rejoint la performance annuelle. Au 31 décembre, la performance annuelle sur vos titres Lagardère sera toujours de 5 %. La per-formance annualisée sera aussi devenue 5 %.

En revanche, vous décidez de réinvestir le 1er avril dans des titres PPR à 185 euros que vous conservez. Chaque mois, vous valorisez votre position au cours de Bourse du dernier jour de mois.

Fin avril, c'est-à-dire au bout d'un mois, le titre cote 200 euros. Votre per-formance potentielle (c'est ainsi tant que vous n'avez pas vendu) est de 8,10 %. Ce taux est une performance réelle. Si l'on veut l'annualiser, c'est-à-dire considérer que chaque mois pen-dant un an on va faire aussi bien, on arrive à un taux de 97,3 % (hors phé-nomènes d'actualisation et de frais). Cela ne signifie pas malheureusement que vous allez tous les mois faire à nou-veau 8,10 %, mais si cette performance mensuelle se rééditait sur un an, vous arriveriez à quasiment doubler votre portefeuille initial.

Fin mai, le titre vaut toujours 200 euros. Votre performance potentielle n'a pas changé. Elle est toujours de 8,10 %. En revanche, l'annualisation de ce taux n'est plus que d'environ 48,6 % ; il y a deux mois de passés sur les douze mois de l'année.

Et ainsi de suite. À supposer que le titre soit à 200 euros à la fin mars de l'année suivante, c'est-à-dire au bout d'un an, performances réelle et annualisée seront identiques, à 8,10 %.

N'oubliez pas que la valorisation des titres en portefeuille n'est que théorique tant que vous n'avez pas revendu. Attendez-vous à de sensibles fluctuations compte tenu de la volatilité des marchés.

Dernier aspect enfin, dans le cadre d'un PEA : la partie de votre portefeuille non utilisée n'est pas productrice d'intérêt. Or elle entre également dans le calcul global de votre portefeuille.

Prenons un exemple :
Vous avez mis 100 000 francs dans un PEA et acheté pour 10 000 francs de titres. Au bout d'un an ces titres vous rapportent 20 %. La rentabilité de cette opération est bien de 20 % mais l'ensemble de votre portefeuille vous a rapporté :
– 10 000 francs à 20 % ;
– 90 000 francs à 0 %.
Votre portefeuille au bout d'un an est de 102 000 francs, soit une performance réelle de 2 %. Il est donc conseillé d'alimenter le PEA au fur et à mesure de vos achats. Cela évite de laisser dormir et de bloquer de l'argent inutilement.

Savoir vendre à temps

■ Prendre sa plus-value

On entend souvent dire qu'il est difficile de vendre : disons qu'il est difficile de bien vendre. Les professionnels vous expliqueront qu'on n'achète jamais au plus bas et qu'on ne vend jamais au plus haut.

Pour bien s'y repérer, il convient de distinguer le cadre général de la gestion d'opérations particulières plus spéculatives.

→ Le cadre général

La façon dont vous gérez votre portefeuille dépend de votre tempérament et de vos intuitions ; la manière dont vous prenez vos bénéfices également.

Pour certains, au-delà de 10 % de gains, ils revendent pour investir dans une autre valeur. C'est un choix qui ne se discute pas à condition de savoir à l'avance dans quoi réinvestir. Sinon, à quoi bon lâcher la proie pour l'ombre ? (d'autant qu'on vient de voir que de l'argent immobilisé ne produisait pas nécessairement d'intérêts.)

En revanche, certains portefeuilles constitués dans les années soixante n'ont pratiquement pas été modifiés. Les statistiques montrent qu'en la matière la patience a du bon. Pour autant, cela n'exclut pas d'être mobile car les secteurs porteurs évoluent. L'exemple de France Télécom est à ce sujet très parlant. Moins de six mois après son introduction en Bourse, sa valeur avait déjà doublé. Un titre qui double en six mois, c'est suffisamment rare pour qu'on envisage raisonnablement de vendre. Agir ainsi eût été profitable. Ne rien faire l'a été encore mieux : en moins de deux ans, le titre a pris plus de 400 %.

Alors, quand faut-il vendre ses titres ? Si vous avez une idée de réinvestissement, séparez-vous de la moitié des titres que vous hésitez à vendre. Ainsi, vous aurez matérialisé un profit et vous ne serez pas totalement frustré si le titre poursuit sa trajectoire.
La manière d'agir en Bourse dépend également du comportement du marché économique. Le compartiment actions a pour le moment le vent en poupe mais, dans les années 1990-1995, les amplitudes sur les titres n'étaient pas du même ordre. Faire 5 % de gain sur un titre était déjà une performance. Aujourd'hui, on peut être plus ambitieux mais il ne faut pas être déraisonnable. Les partisans de la nouvelle économie ont vite fait de vous convaincre que cette croissance est sans limite.

→ Le « stop gain »

Pour protéger vos gains et avoir moins de regrets de vendre trop tôt, fixez-vous des ordres de stop gain…
Reprenons le cas de France Télécom. Au bout de six mois le titre a donc doublé : de 27 euros, il est passé à 55 euros. Vous vous posez clairement la question de vendre. Fixez-vous un stop gain en disant : si le cours de France Télécom redescend au-dessous de 40 euros, je vends. Si ce cas se produit, vous aurez toujours 60 % de profit dans votre poche. Dans le cas contraire, vous avez toujours vos titres !
Dans le cas du stop gain, il ne faut pas être statique. Au fur et à mesure que le titre progresse, il faut remonter le niveau de l'ordre stop.
D'un point de vue pratique, cet ordre stop doit être pour vous un objectif de gain minimum auquel vous devez vous tenir. Mais gardez-le en mémoire et ne le transmettez pas systématiquement à votre intermédiaire. Il peut vous prendre des frais pour ordre inexécuté et, de toute manière, il vous faudra le renouveler tous les mois.

→ Le « stop loss »

Il s'agit de l'ordre inverse au précédent. Vous ne voulez pas tout perdre sur un titre. Vous allez vous fixer une limite de perte.

Ce type d'ordre correspond à des titres très spéculatifs sur lesquels le risque est très élevé. Conseil : à n'utiliser qu'en cas de nécessité absolue.

→ Le «day trading»

Le day trading consiste en une opération achetée et vendue le même jour, ou inversement. La caractéristique est que l'opération doit être débouclée (clôturée) à l'intérieur d'une même séance de bourse. Les intermédiaires les plus compétitifs ne vous feront payer qu'un seul courtage et non deux.

Ce genre d'opération est rendue possible par la formidable volatilité des actions, conséquence de l'augmentation du volume des échanges. Sur le règlement mensuel, un titre est capable d'être réservé à la hausse, c'est-à-dire atteindre sa première limite de fluctuation de 10 %, puis être réservé à la baisse et perdre à nouveau 10 %. On a vu le titre Canal plus monter de deux fois 10 % et reperdre ensuite 10 %. Ces fluctuations se retrouvent également sur les autres marchés (second et nouveau marché) mais les marges de fluctuations et le nombre de titres disponibles en limitent bien souvent les cotations.

Pour revenir en particulier au règlement mensuel et au CAC 40, les amplitudes de mouvement amènent à se poser des questions quant au niveau de sortie. On peut à nouveau ici distinguer différentes catégories d'investisseurs. Jouer en Bourse en profitant de ces mouvements est réservé aux investisseurs audacieux qui souhaitent spéculer avec une partie de leur portefeuille. N'adoptez pas cette stratégie sur l'ensemble de vos titres. Mais, si le jeu vous amuse, fixez-vous entre 5 % et 10 % de gain et revendez. Attention, n'ayez cette attitude que sur des valeurs très liquides, le risque est à la mesure de vos ambitions.

■ Vendre à perte

Vous n'échapperez pas aux erreurs. Disons qu'elles aident à apprendre. Il n'est pas souhaitable de s'accrocher à un titre qui se refuse à progresser par rapport au reste du marché.

Ceux qui ont eu la malchance d'être au mauvais moment impliqués dans Eurotunnel ou Eurodisney en savent quelque chose. Il se passera du temps avant que Disneyland rime avec dividendes.

Pour autant les décisions dépendent du contexte. On peut envisager trois scénarios.

→ Ne pas vendre ce qui ne vaut rien

En ce qui concerne les deux titres Eurotunnel et Eurodisney, il est trop tard pour vendre. Ils valent tous les deux un peu plus de 1 euro. On ne vend pas quelque chose qui ne vaut presque rien ; puisque cela ne vaut rien, autant le garder, même s'il faut attendre longtemps.

→ Vendre les titres qui ne bougent pas

Malgré la volatilité du marché, certains titres ne bougent pas. On ne donnera pas d'exemple pour ne peiner personne mais certaines valeurs évoluent dans une fourchette de prix très étroite à l'intérieur de laquelle il est impossible d'agir. Ce sont des titres qui ne sont pas à la mode, ou sur lesquels la liquidité est faible. Ce n'est pas toujours visible au moment où vous les achetez. Ne les gardez pas même si vous y laissez quelques plumes.

→ Moyenner ses achats

Certains de vos titres peuvent subir une perte de confiance. Ils subissent une forte pression à la vente. Même si celle-ci est très généralement passagère, on ne peut présager de l'ampleur d'un mouvement contraire.

Que faire ? Il y a alors trois solutions possibles :
– ne rien faire et attendre : c'est une solution neutre passive, mais pas sans risque quand on tombe sur un titre qui ne se relève pas ;
– vendre : il faut alors vendre tout de suite car plus on attend et plus on

risque d'être le dernier à avoir vendu. Attention au contrecoup ;
– profiter du mouvement pour acheter d'autres actions du même titre et moyenner votre position : les Anglo-Saxons ont à ce sujet une formule, « *Never ever average down* », soit en français : « Il ne faut pas moyenner à la baisse. » Ce n'est peut-être pas certain, mais cette attitude correspond à un profil d'investisseur assez spéculatif. Si vous choisissez cette solution, ne soyez pas trop pressé. Attendez un fort recul afin que votre moyenne baisse sensiblement et surtout soyez sûr de ne pas « craquer » si le titre accentue sa baisse.

■ Le couple risque/rentabilité

N'oubliez pas que plus vous achetez un titre risqué, plus votre rentabilité doit être élevée. C'est un principe. Si c'est pour faire 5 % sur un titre spéculatif sur le nouveau marché, autant acheter un poids lourd de la cote et attendre avec un risque infiniment plus faible. Ce ratio risque/rentabilité doit aussi s'apprécier en fonction des montants investis. Plus le titre est risqué, plus faible sera le montant investi. Vous ferez moins rapidement fortune mais la Bourse n'est pas un casino et votre épargne de l'argent de poche.

9

Épargne et fiscalité

La participation aux résultats de l'entreprise,
les plans d'épargne retraite, les plans d'épargne entreprise...
font que la plupart des salariés voient dès aujourd'hui
une partie plus ou moins importante de leurs revenus
liés à la Bourse. La réorganisation des retraites,
si la mise en place des fonds de pension l'emporte,
va généraliser l'appel au marché boursier, et le changement
est assez important pour mériter qu'on s'y arrête.
Car cette évolution vers plus d'épargne à long terme
investie sur les marchés actions devrait modifier
votre comportement d'investisseur individuel
à la fois dans le volume d'épargne investi
et dans vos choix stratégiques d'achat.
La fiscalité qui s'y rattachera sera certainement
une des clés du succès de ces modules d'épargne.
En attendant, la fiscalité actuelle des revenus de l'épargne
est une affaire particulièrement complexe :
ils sont soit soumis au prélèvement libératoire,
soit taxés à l'impôt sur le revenu ; et les valeurs étrangères
peuvent faire l'objet d'une fiscalité différente.

L'épargne salariale

L'épargne salariale est pour certains un revenu complémentaire voire « sur-complémentaire ». Sa définition pourrait se résumer à « l'ensemble des moyens d'épargne mis en œuvre par et pour un salarié tout au long de sa vie active de façon à lui permettre de bénéficier d'un revenu complémentaire de sa retraite à son décès ». Elle englobe la participation aux résultats de l'entreprise, les plans d'épargne retraite facultatifs, les plans d'épargne entreprise, ainsi que les indemnités de fin de carrière sans oublier le compte épargne temps issu principalement de la mise en place des trente-cinq heures.

Mais la plupart de ces possibilités d'épargne (intéressement, plan d'épargne entreprise, actionnariat des salariés et stock-options) ne sont que facultatives. Actuellement, un seul régime est obligatoire, celui de la participation aux bénéfices de l'entreprise pour celles qui emploient plus de 50 salariés.

Le modèle social mis en place en France est celui d'une retraite par répartition basée sur la solidarité des générations, les plus jeunes cotisant pour les plus anciens. Ce modèle, on le sait, est en train de s'épuiser par le décalage croissant entre les actifs et ceux à même de bénéficier d'une retraite. D'où l'idée maintes fois avancée d'un système de retraite par capitalisation.

Faut-il en faire un système obligatoire, complémentaire du précédent ? Comment doit-il être géré ? Faut-il affecter une partie des produits de la croissance au fonds de réserve sur les retraites ? Les profits boursiers potentiels des participations de l'État dans de nombreuses entreprises doivent-ils venir enrichir ce fonds ? Autant de questions à débattre. Dans les périodes difficiles, la diminution du nombre d'actifs accélère le déséquilibre financier du système des retraites et rend plus urgente une solution de remplacement.

Les fonds de pension représentent une alternative même si aucune solution ne présente que des avantages.

■ Vers un système de fonds de pension

En France, la réforme des retraites a déjà fait couler beaucoup d'encre. Il ne s'agit pas ici de relancer le débat mais d'envisager l'impact sur les marchés de capitaux d'une telle réforme. Si, comme aux États-Unis, les fonds de retraites pouvaient se diversifier sur les marchés d'actions quel en seraient les principaux impacts pour vous à moyen et long terme ?

Le passage plus ou moins progressif d'une retraite par répartition (celle que l'on connaît actuellement) vers une retraite par capitalisation, ainsi que l'orientation des fonds vers le marché actions et non plus uniquement dans des placements certains, constituent les deux points majeurs du débat.

La capitalisation, notent certains, favoriserait « les plus riches » au détriment des plus pauvres. Même si ce n'est pas nécessairement vrai, il faut admettre qu'actuellement la retraite par répartition est plus favorable aux revenus les plus faibles compte tenu des différents planchers applicables, en particulier le minimum vieillesse.

En règle générale, plus les cotisants sont jeunes et plus ils sont tentés par la retraite par capitalisation. À l'inverse, les cotisants proches de la retraite voient avec inquiétude un changement rapide du calcul des retraites.

■ Les différents projets

De nombreux projets ont été proposés ces dernières années. Jean Arthuis et Edmond Alphandéry, tous deux ministres de l'Économie et des Finances en avaient déjà envisagé plusieurs. Le dernier en date, dit « loi Thomas », a été promulgué le 25 mars 1997. Les décrets d'application ne sont pas parus. La dissolution parlementaire en avril 1997 a dissous également le projet même si, juridiquement, cette loi n'a pas été abrogée.

Depuis, le rapport Charpin a envisagé de nouvelles orientations. Très récemment, l'utilisation de la fameuse cagnotte fiscale a été préconisée pour continuer de financer le système de retraites par répartition. Dans le même esprit, le gouverne-

---

L'ACTIONNARIAT SALARIÉ EN FRANCE EN QUELQUES CHIFFRES

Sur 200 entreprises de plus de 500 salariés, 42 % déclarent avoir mis en place un système d'actionnariat salarié.

Selon la même source, ces salariés seraient propriétaires de 7 % du capital des entreprises en moyenne. Un résultat qui tranche avec le rapport Balligand-de Foucault remis au Premier ministre au début de l'année 2000 selon lequel les salariés ne détenaient que 2 % du capital de l'entreprise.

---

ment a envisagé d'affecter à la caisse de réserve des retraites une partie de ses avoirs détenus dans des sociétés cotées en Bourse. Se pose alors la question de la valorisation de ces avoirs dont on sait par définition qu'étant en Bourse, ils sont par essence volatiles. N'est-ce pas une façon détournée de créer ainsi un gigantesque fonds de pension composé de valeurs certaines et de rendements pour le moins incertains ?

■ Le fonctionnement d'un fonds de pension

Le fonds de pension n'a d'autre but que de verser une pension, une rente, un complément de retraite, quel que soit le terme qu'on veuille bien utiliser. En Belgique, un retraité s'appelle ainsi un pensionné : il touche non pas une retraite mais une pension.

Chaque adhérent, ou cotisant, verse tout au long de sa vie active des cotisations qui constituent son capital de base. La valorisation de ce capital est obtenue par une gestion financière confiée à des spécialistes de ce type d'épargne long terme.

À l'échéance, c'est-à-dire au moment de la retraite, l'adhérent se voit verser le capital final obtenu directement en totalité ou sous forme de rente viagère. Cette dernière est productrice d'intérêts.

La performance finale dépend bien entendu de la performance des marchés financiers sur la période considérée mais également de l'orientation des placements choisie par les gérants. Cette orientation s'appelle l'**allocation d'actifs**. C'est une « cuisine interne » propre à chaque organisme gérant d'épargne qui consiste sur un capital de 100 euros à déterminer par exemple que 55 euros seront placés sur le marché des actions, 20 euros investis en obligations d'État, 15 euros sur le marché monétaire et enfin 10 euros sur des supports diversifiés. Il s'agit bien évidemment d'un exemple théorique qui dépend du marché. Par conséquent, cette allocation d'actifs peut varier tout au long de la vie du portefeuille en fonction du contexte économique. À l'intérieur même des 60 euros investis sur le marché actions, le choix des valeurs peut également conditionner à l'échéance la performance de votre placement. 1 % de rendement annuel de différence sur une période longue de 25 ans, c'est 28 % de revenus en moins à terme. Le choix d'un organisme gestionnaire est donc prépondérant.

Le simple fait de placer de l'argent sur les marchés financiers constitue en soi un risque. Néanmoins, comme tout placement, l'échéance lointaine de placement peut autoriser certains risques qu'un placement à court terme interdirait. Par ailleurs, la réglementation dans le choix stratégique des placements est restrictive et ne permet pas des investissements particulièrement risqués.

Dans l'état actuel des choses, la réforme sur l'épargne salariale devrait voir le jour avant celle sur les fonds de pension car elle est plus « conviviale ». Elle pourrait se traduire par une évolution du plan d'épargne entreprise vers un plan d'épargne à long terme (PELT).

L'imposition de votre portefeuille boursier

■ L'imposition des opérations boursières ordinaires

→ Les dividendes nets d'actions ou des OPCVM

Les dividendes nets d'actions ou des OPCVM (SICAV ou Fonds commun de placement) investis majoritairement en actions de sociétés, de même que ceux provenant de parts de fondateurs, de SARL ou d'EARL (entreprise agricole à responsabilité limitée), doivent être déclarés au titre des revenus de capitaux mobiliers.

→ Les produits des opérations sur titres

En ce qui concerne les actions, une fois les abattements et les seuils de cession franchis, l'ensemble des **plus-values** est soumis dès le premier franc à une imposition à l'impôt sur le revenu à un taux forfaitaire de 16 % (+ 10 % de prélèvements sociaux). Le même régime s'applique aux ventes de droits liés à ces valeurs, qu'il s'agisse d'usufruit ou de nue propriété, et à celles de parts sociales de sociétés non cotées soumises à l'IS si le vendeur détient moins de 25 % de leur capital.
Les produits de vos opérations sur titres ne peuvent échapper à l'impôt sur les plus-values que dans le cadre du PEA.

EXONÉRATION

Il existe cependant dans tous les cas de figure une exonération fiscale dès lors que le montant de vos cessions est inférieur ou égal à 50 000 francs. Attention, il s'agit d'un montant de cession et non de plus-values. Il est donc facilement atteignable pour peu que vous ayez effectué des opérations de report/déport dans le cadre du règlement mensuel ou du système de paiement différé qui sont assimilées à des cessions.

→ La fiscalité des dividendes

Les gains provenant des actions sont essentiellement de deux natures : ils proviennent de la valorisation de l'action dont le cours progresse et du dividende versé ou non chaque année.
Le montant de ce dividende est défini à l'occasion de l'assemblée générale annuelle sur proposition du conseil d'administration. L'assemblée générale arrête également la date du paiement du dividende. On parle alors de paiement du coupon. Ce paiement s'effectue en numéraire ou en actions. Pour en bénéficier, vous devez être propriétaire des actions au plus tard depuis la veille du détachement du coupon.
Attention, dans le cadre du règlement mensuel, cette date doit être postérieure à la date de la liquidation. C'est en effet au-delà de la date de liquidation que vous êtes réellement considéré comme proprié-

taire de vos titres et par conséquent juridiquement apte à percevoir le dividende.

→ L'avoir fiscal

Les dividendes que verse une société proviennent des bénéfices de l'entreprise. Ceux-ci ont déjà subi une imposition. En touchant ces dividendes, vous recevez donc également un avoir fiscal attaché à chaque action. Il s'agit d'un crédit d'impôt égal à 50 % de la valeur du dividende perçu.

Les titres achetés au règlement différé doivent être sur votre compte pour bénéficier de l'avoir fiscal. Si vous ne les avez qu'à terme, vous n'encaisserez que le dividende.

→ La notion de plus-value

L'imposition en Bourse ne concerne bien sûr que les plus-values mais les moins-values font l'objet d'un report imputable sur les gains futurs et ce pendant cinq années.

En matière de plus-value, il faut entendre la plus-value nette, à savoir la différence entre le cours d'achat et le cours de vente à laquelle il faut ajouter l'avoir fiscal mais dont il faut également retrancher l'ensemble des frais payés (courtages et taxes) et dans certains cas les droits de garde.

Les plus-values constituent la base du montant imposable.

→ L'abattement

À partir du montant imposable, vous bénéficiez d'un abattement qu'il ne faut pas confondre avec le seuil de cession. L'abattement est de 8 000 francs par personne, soit 16 000 francs pour un couple marié. Au-delà, il est imposé selon le barème progressif de l'impôt sur le revenu.

→ L'impôt de Bourse

Lorsque vous effectuez une opération en Bourse, l'intermédiaire par lequel vous passez prélève un courtage. Son tarif est libre depuis le 1er juillet 1989. Ce courtage est soumis à la TVA de 19,60 %. Dans certains cas, l'opération doit aussi supporter un impôt de Bourse. Il s'agit d'un droit de timbre perçu directement par l'État.

Il est de 0,3 % pour les opérations jusqu'à 1 million de francs et de 0,15 % au-delà. Il existe néanmoins un abattement pour les opérations inférieures à 50 000 francs. C'est pourquoi il est conseillé de calculer au plus juste son achat si on se trouve dans cette zone de 50 000 francs. En cas de dépassement, il n'est pas exclu qu'il soit plus économique de passer deux ordres inférieurs à 50 000 francs qui ne supporteront pas l'impôt de Bourse.

→ Les actions étrangères

À de très rares exceptions près, les actions étrangères ne bénéficient pas de l'avoir fiscal ni de l'abattement de 8 000 ou 16 000 francs.

■ L'imposition des revenus des obligations ou des OPCVM

Les revenus des obligations et des SICAV ou FCP investis en obligations ou assimilés sont imposables dès le premier franc (il n'y a pas d'abattement) à l'impôt sur le revenu et aux prélèvements sociaux au taux cumulé de 10 %. Par « assimilés », il faut entendre les titres de créances négociables (OAT, bons du trésor, certificats de dépôt) ainsi que les produits de bons de caisse ou de compte à terme. Il existe à ce niveau un choix pour le contribuable qui peut opter soit pour un prélèvement libératoire variable selon les produits (entre 15 % et 35 %) soit pour une taxation au barème progressif de l'impôt sur le revenu.

Les plus-values issues des cessions sur ces types de produits sont imposées au taux forfaitaire de 16 % (+10% de prélèvements sociaux).

■ La fiscalité de l'assurance-vie

L'assurance-vie multisupport permet d'investir dans une palette que vous propose votre assureur. Il n'y a donc pas que des actions françaises ou assimilées comme dans le cas d'un PEA.

Au bout de huit années, votre imposition n'excédera pas les prélèvements sociaux. C'est donc une façon d'investir dans des actions étrangères tout en étant exonéré de l'impôt sur les plus-values.

Aucun impôt sur le revenu n'est à payer pendant la durée du contrat d'assurance-vie, y compris lorsque des arbitrages sont réalisés dans les contrats multisupports, tant que les capitaux y restent investis. Mais attention, le nombre d'aller et retour (achat/vente) doit être limité sinon le fisc risque de requalifier l'investissement.

Les **prélèvements sociaux** s'appliquent néanmoins au taux cumulé de 10 %. Ils sont déduits chaque fin d'année des intérêts crédités pour les contrats en francs, ou prélevés en une seule fois au jour du rachat pour les contrats en unités de compte.

■ La fiscalité du PEA

→ La durée de vie du PEA

La durée de vie d'un PEA est illimitée. En effet, il ne faut pas confondre sa durée de vie et la durée permettant de bénéficier d'exonérations fiscales qui est de huit ans.

L'ensemble des versements effectués sur des PEA doivent servir à l'achat de titres. Ces derniers produisent (en général) des dividendes qui sont exonérés d'impôts pendant toute la durée du plan. De même, les avoirs fiscaux qui s'y rattachent sont également exonérés et restitués sur le compte espèces du PEA.

Les opérations d'achat et de vente effectuées dans le cadre d'un PEA échappent également à l'impôt sur le revenu.

→ La sortie avant l'échéance

Un PEA peut être clos à tout instant par son titulaire, même avant l'échéance de huit ans. La clôture s'effectue par le retrait total des actifs du plan.

Si les retraits interviennent au-delà des huit années, le plan n'est pas obligatoirement clos, mais le titulaire ne peut plus opérer de versements nouveaux dès lors qu'il a effectué ces retraits.

Si les retraits interviennent entre cinq et huit ans, le plan est clos obligatoirement. Le titulaire bénéficie normalement des avantages fiscaux. Le gain réalisé à l'occasion de la clôture profite également de ces avantages.

Si le retrait intervient entre deux et cinq ans, le retrait de titres ou de liquidités avant l'expiration de la cinquième année est soumis au régime des plus-values mobilières.

Lorsque le retrait intervient dans les deux premières années, le titulaire est imposé comme pour toute opération de Bourse mais le taux est majoré à 22,5 %.

Certains événements familiaux peuvent exonérer les plus-values d'un PEA en cours d'activité. Il s'agit du décès du titulaire du plan, ou du transfert à l'étranger du domicile du titulaire du plan. Dans le cas du décès du titulaire, le plan s'éteint avec lui.

→ L'imposition du PEA

On vient de voir que l'imposition dépend de la date de clôture du plan. Quel que soit le régime fiscal applicable, il convient d'y rajouter l'ensemble des prélèvements sociaux à savoir :

– la contribution sociale généralisée de 7,5 % ;

– la contribution pour le remboursement de la dette sociale de 0,5 % ;

– le prélèvement social de 2 %.

10
Internet
et la nouvelle économie

**Cette dernière leçon a pour but de vous faciliter la tâche
si vous choisissez d'ouvrir un compte sur Internet
chez un courtier en ligne : le cap des trente opérateurs
en ligne a en effet été franchi au début de l'année 2000...
D'autres services directement liés à la Bourse
vous sont également proposés et la place prise par le net
dans le paysage boursier invite à se poser quelques
questions en matière de choix aussi bien que d'efficacité,
de sécurité et même, comme on a pu le voir récemment,
de fiabilité de l'information. C'est aussi l'occasion d'essayer
de cerner les contours de cette nouvelle économie venue
des États-Unis. Une économie de l'information et du savoir
véhiculée par Internet et dont bon nombre d'aspects
sont encore virtuels et immatériels.**

Un compte sur Internet

Au début de l'année 2000, il existait environ 100 000 comptes ouverts chez les *web brokers*. D'après les spécialistes, ce nombre devrait atteindre 2 millions d'ici à 2002. L'engouement semble bien réel et paraît irréversible. Mais, à moins d'une augmentation très sensible du nombre d'actionnaires individuels, ce qui ne semble pas évident, tous les courtiers en ligne ne pourront survivre. Le choix d'un courtier sur Internet est donc important.

Au début du deuxième semestre 2000 on en recensait une quarantaine.

Il n'y a pas urgence. Les offres vont se multiplier. Les services proposés par les uns et les autres ne sont pas tous opérationnels faute d'une technique totalement au point. Il y a le temps de comparer.

Si l'on schématise, on distingue deux catégories de courtiers en ligne : les premiers sont essentiellement axés sur les tarifs ; les autres misent davantage sur le service.

■ Les avantages immédiats d'un compte sur le net

Le premier avantage est de pouvoir passer un ordre en direct et instantanément comme par téléphone.

OUVRIR UN COMPTE SUR LE NET

Consulter la liste des courtiers en ligne ne vous avancera guère. En effet, sauf à avoir une idée bien précise de celui avec qui vous souhaitez travailler, les noms ne suffisent pas. En la matière, il existe désormais au moins deux publications presse régulières qui entre autres analysent et décortiquent les services des uns et des autres : *Le Guide de la Bourse sur Internet* et *Bourse et Internet magazine* publié par le groupe CPR.

Quel que soit votre choix, le principe doit être le même : faites une demande de documentation par téléphone ou par Internet. De toute façon, le courtier doit vous envoyer un document contenant entre autres un formulaire d'ouverture de compte et une grille tarifaire. Attention, les tarifs changent souvent.

Le premier obstacle à passer sera votre banquier. Si vous ne disposez pas d'un compte titres, la question ne se posera pas. Mais si vous souhaitez transférer votre PEA ou faire un virement d'espèces, ce ne sont pas des démarches propres à lui plaire. Internet n'a rien à y voir. Mais attendez-vous à une démarche longue pour le transfert des titres d'un compte à l'autre. Pendant ce transfert, qui peut prendre jusqu'à un mois, vous ne pourrez pas toucher à votre portefeuille, c'est-à-dire que vous ne pourrez pas faire la moindre opération.

Il n'existe pas de virement possible sur Internet en tant que tel. Essayez de faire un transfert d'espèces par chèque. Vous en garderez ainsi une trace.

En avez-vous réellement besoin? Autrement dit: connaître instantanément le cours auquel vous avez acheté est-il important pour vous?

Faites-vous beaucoup d'opérations par mois?

Si vous répondez oui à ces deux questions, la première catégories d'intermédiaire vous est plus adaptée. Il s'agit pour la plupart de discount brokers. Comme leur nom l'indique, ils ont fait du tarif et de la facilité de transmission des ordres leurs principaux arguments commerciaux.

Le deuxième avantage est de visualiser sur écran le carnet d'ordres, les dernières transactions, de pouvoir rechercher de l'information et des conseils. Tout cela se paie. La deuxième catégorie de courtiers assure un flux d'informations plus ou moins utiles et plus ou moins à jour. Il convient dans ce domaine de bien analyser vos besoins en termes d'information. Cela peut prendre du temps.

Le troisième avantage résulte dans le suivi de votre compte. Parmi les services qui sont proposés figure la mise à jour immédiate de votre compte. Vous pouvez ainsi après chaque opération visualiser votre situation, les montants investis, la rentabilité du portefeuille et une valorisation au marché de votre portefeuille d'après les cours de clôture de la journée précédente.

■ Les inconvénients d'un compte sur le net

Les inconvénients de l'Internet tiennent essentiellement au fait que ni la technique ni les services proposés ne sont parfaitement efficients. Pourquoi? Tout simplement parce que, compte tenu du nombre d'investisseurs potentiels, les courtiers en ligne ont été obligés de démarrer leur activité plus tôt que la plupart l'auraient souhaité afin de brûler la politesse au voisin.

Cela signifie qu'à terme ces inconvénients devraient s'atténuer. Il n'en demeure pas moins que pour le moment, ils existent. Cela se traduit par exemple par l'impossibilité de se connecter alors que pendant ce temps, la Bourse ne s'arrête pas. Il faut alors pouvoir passer ses ordres par téléphone, ce qui n'est pas toujours possible ou alors plus coûteux.

On a également pu assister à la transmission d'un ordre sur Internet dont la confirmation ne s'est pas affichée. L'investisseur a renouvelé trois fois l'expérience avant de visualiser le signe convenu. C'était légèrement agaçant mais le pire était à venir. En effet, quelques jours plus tard, la confirmation de l'ordre est arrivée par courrier et quelle n'a pas été la surprise de notre investisseur de constater qu'il avait acheté trois fois ses titres! Heureusement pour lui, le marché s'était comporté en sa faveur, et il a pu revendre immédiatement le trop-plein.

Dernier inconvénient qui n'est qu'un corollaire des précédents : tous ces courtiers en ligne sont des sociétés récentes sur lesquelles il existe peu de recul même si les plus fiables sont l'émanation de groupes connus.

Si ce n'est pas encore le cas pour le moment, la transmission par Internet est sûrement appelée à proposer d'ici peu le meilleur rapport qualité de service et prix. En attendant, les intermédiaires traditionnels fournissent d'énormes efforts et rivalisent d'arguments commerciaux pour ne pas perdre pied. C'est le moment d'en profiter.

Cherchez pour débuter la simplicité en étant autant que faire se peut près de votre banquier habituel. Vous pourrez faire jouer plus tard la concurrence et comparer les offres.

Mais, un jour ou l'autre, vous n'échapperez pas à Internet.

INFORMATION EN DIRECT

Les cotations des valeurs à la Bourse de Paris et sur les autres places sont sujettes à une redevance pour diffusion en direct. Les principaux sites d'information affichent donc avec un retard d'environ 15 minutes les cours des différentes valeurs. En revanche, la diffusion des indices se fait en direct.

Si vous êtes abonnés chez un courtier en ligne, vous bénéficierez d'une information sur les titres en direct.

■ La sécurité des transactions sur Internet

Le type d'incident que nous venons d'évoquer amène à aborder la sécurité des transactions sur le net. Le problème, qui apparaît quand vous réglez un achat avec votre carte bancaire, apparaît d'autant plus quand vous ouvrez un compte. Les deux principales questions que l'on se pose alors sont les suivantes :

→ Mon argent est-il en sécurité ?

Les courtiers « en ligne » par Internet ont reçu nécessairement un agrément de la Commission des marchés financiers les autorisant à passer des ordres pour votre compte. Le marché est particulièrement réglementé. C'est déjà une première sécurité.

Cela signifie qu'en cas de défaillance d'un courtier en ligne, le risque est identique à celui d'un intermédiaire classique. Pour les établissements les plus petits, la garantie est assurée par un établissement bancaire chargé de conserver les dépôts.

→ Mon compte peut-il être piraté ?

Le risque informatique est extrêmement faible. La transmission des

LES PRINCIPAUX COURTIERS EN LIGNE

Voici une liste non exhaustive des sites internet spécialisés dans la transmission d'ordres de Bourse. Ces sites sont presque tous très récents. Mais à titre anecdotique, il faut savoir qu'il existait, au début 1998, une trentaine de sites de ce genre aux États-Unis. Aujourd'hui, on en recense cent cinquante majeurs. En France, on n'en est pas encore là mais déjà plus d'une quarantaine de sites ont vu le jour en un an.

Il ne faut pas confondre ces sites avec les sites financiers dont le but est la diffusion d'informations et non la transmission d'ordres de Bourse.

NOM	SITE	PRINCIPAL ACTIONNAIRE
3A trade	3atrade.com	Euro trading Capital Market
Abax	abaxbourse.com	Groupe ING
Ab système	absystème.fr	XEOD Bourse Natexis Banque populaire
B' capital	b.capital.com	BNP/Paribas
Banque directe	banquedirecte.fr	
Barclays	barclays-bourse-direct.Com	Barclays Banque
Bdl invest	bdlinvest.com	Groupe Banque du Louvre
Bourse directe	boursedirecte.fr	Personnes physiques et Natexis Banque populaire
Bourse discount	boursediscount.net	Société Bourse Directe
Capitol	capitol.fr	Groupe Viel
Consors	euraxfin.com	Groupe Consors (Allemagne)
Cortal	cortal.fr	BNP/Paribas
Courcoux Bouvet	courcoux-bouvet.fr	BNP/Paribas
CPR E trade	cprbourse-tm.fr	Banque CPR
Delahaye	delahaye.fr	Oddo et Cie
Direct Finance	directfinance.fr	AGL/Banque Lazard
Dubus	dubus.fr	Personnes physiques et industriels du nord
Easy Trade	easytrade.fr	ETNA finance, entreprise d'investissement
E Banking	ebanking .com	Fortis bank
EtnaFinance	etnafinance.com	Société indépendante
Excel stocks	xlstocks.com	
Ferri	ferri.fr	Groupe ING à 100%
Fimatex	fimatex.fr	Société Générale
Financière Valvert	fv-bourse.com	Société indépendante dans la région de Lyon
Fortunco	fortuneo.com	
I Bourse	i-bourse.com	BIPOP-Carire (caisse d'épargne italienne)
Mes Actions	mesactions.com	Wargny
Multi Bourse	multibourse.com	Nivard Flornoy Fauchier Magnan Durant des Aulnois
NFMDA	nfmda.com	
Open Bourse	open-bourse.com	Banque Worms (groupe AXA)
Paresco	paresco-bourse.com	Com Direct (Allemagne)
Pinatton	pinatton.fr	Courtier indépandant
Portzamparc	portzamparc.fr	Banque populaire Bretagne Atlantique
Richelieu Finance	richelieu.fr	Richelieu Finance
Self Trade	selftrade.com	Divers actionnaires personnes morales
Vega Finance	vefafinance.com	Caisse des dépôts
Wargny	wargny.com	Wargny et associés
Webroker	webroker.fr	CCF

LES PRINCIPAUX SITES D'INFORMATION SUR INTERNET

- **LES ORGANISMES**

– www.bourse-de-paris.fr (Paris Bourse SBF SA): tout sur la vie quotidienne à la Bourse de Paris, les projets les calendriers, les prochaines introductions, etc. Vous y trouverez aussi les codes d'accès directs au sites du second et du nouveau marché. À regarder en priorité.

– www.sicovam.com Le site de la Sicovam pour connaître à fond les mécanismes de la compensation des titres.

– www.cob.fr (Commission des opérations de Bourse) : site très complet qui permet d'accéder aux différentes publications et autres textes juridiques.

– www.matif.fr et www.monep.fr : ces sites officiels sur les contrats à terme permettent de mieux connaître le fonctionnement et la réglementation de ces marchés. Utile avant de traiter des options MONEP.

- **LES SITES D'INFORMATION GÉNÉRALISTES**

– www.boursecenter.com : un site portail qui recense les meilleurs sites de Bourse par catégories.

– www.boursorama.com : un des sites les plus regardés. À voir pour se familiariser avec les cotations, les carnets d'ordres et les graphiques.

– www.boursier.com : un site d'information qui diffuse en plus une lettre d'information sur abonnement. Permet de se constituer un portefeuille virtuel.

- **LES SITES DE PRESSE**
– www.lesechos.fr
– www.latribune.fr
– www.lavf.com (le site de *La Vie financière*)
– www.lerevenu.com
– www.18h.com : un site du groupe L'Expansion. Une photo quotidienne des marchés.

- **LES SITES ÉTRANGERS**
– www.cnnfn.com
– www.bloomberg.com
– www.bridge.com
– www.msdw.com
– www.nasdaq.com

- **LES SITES DE FORMATION**
– www.ecole-bourse.tm.fr
– www.forwardfinance.com

ordres est protégée par des systèmes de codage (on dit cryptage) différents selon les intermédiaires mais tout aussi efficaces. Cette sécurité est renforcée en amont. Avant de transmettre un ordre, vous devez valider votre numéro de compte ainsi qu'un code confidentiel.

■ Pour ne pas se perdre dans les frais de courtage et les forfaits

Cet exemple est anonyme. Il est cependant la synthèse de différentes propositions de courtage selon le volume, le lieu de transaction, la fréquence etc.

→ L'abonnement

Si vous ouvrez un compte chez un courtier en ligne, cela ne veut pas dire que l'accès à ses informations et ses services soit *nécessairement* gratuits. Ces frais peuvent atteindre 15 à 20 euros par mois.

→ Les courtages sur la place de Paris

Il faut les différentier des courtages sur les places étrangères qui sont beaucoup plus onéreux. Deux types de facturations sont proposées : le forfait et la facturation à chaque opération. Le forfait est en général dégressif selon le volume de chaque opération ou selon le volume mensuel. Mais il doit être un véritable

forfait : attention au pourcentage supplémentaire sur le montant de la transaction.

→ Les courtages sur les places étrangères

Ils sont nettement plus élevés au motif qu'il y a souvent un intermédiaire supplémentaire. Certains proposent aussi un forfait. Attention de le rentabiliser.

→ Les droits de garde

Difficile de les faire sauter. Vous obtiendrez une belle remise sur volume, vous pourrez les payer par trimestre ou quadrimestre au lieu du traditionnel paiement annuel, ils seront dégressifs voire remboursables. Mais attention aux astérisques de renvoi dans le contrat...

■ Se constituer un portefeuille de valeurs Internet

→ Suivre les indices technologiques

Il est indéniable que la révolution liée au multimédia et à l'Internet en particulier est durable ; l'engouement qu'il suscite est parfaitement légitime. On le constate au quotidien aux États-Unis où les spots publicitaires à la télévision sont largement dominés par des annonceurs de la net économie. En Bourse, la traduction est d'autant plus visible que l'indice Dow-Jones

LA PHOTOGRAPHIE DE LA BOURSE DE PARIS

Paris Bourse SA a annoncé le 28 mars 2000 la création de deux indices technologiques pour répondre à l'engouement pour les valeurs de la «nouvelle économie». Baptisés IT CAC et IT CAC 50, ces deux indices consacrent le poids de plus en plus prépondérant pris par les valeurs dites «TMT» (Technologie, Média et Télécommunications).

Le premier IT CAC est un indice dit élargi qui regroupe l'ensemble des valeurs technologiques cotées à la fois sur le premier, le second et le nouveau marché. Il variera au gré des introductions boursières. Le nombre de sociétés liées à cet indice devrait rapidement approcher les 200. Le second indice IT CAC 50 est limité aux 50 sociétés les plus actives de la place de Paris exception faite des valeurs technologiques déjà répertoriées sur le CAC 40.

Par ailleurs, il existe à la Bourse de Paris un indice du nouveau marché. Sur le premier trimestre de l'année 2000, il a progressé de 140 % alors que le CAC 40 peine à afficher 10 % de hausse. Pour autant, ces chiffres sont trompeurs. Si l'on détaille les performances des valeurs de l'indice CAC 40, on constate que les deux tiers des valeurs ont régressé depuis le 1er janvier 2000. Seul un tiers est en hausse. Ce dernier tiers fait mieux que compenser la baisse des deux premiers et permet ce résultat global de 10 % de progression.

L'engouement pour les valeurs technologiques s'affirme et les gérants modifient actuellement la composition de leurs portefeuilles au profit de ces nouvelles valeurs. Les écarts de performance sont pour le moins frappants, y compris sur des valeurs de premier plan. Saint-Gobain perd près de 19 %, l'équipementier Faurecia 15 %, tandis que Carrefour est en recul de près de 20 %. Dans le même temps, Ingenico progresse de près de 150 %, Thomson Multimédia gagne 120 % et Sagem est en hausse de 100 %. Des chiffres qui tiennent compte du réajustement intervenu au printemps 2000 sans quoi les écarts seraient encore plus marquants.

Il ne s'agit pas de porter un jugement sur ces résultats. Ils témoignent de l'appétit actuel du marché pour ce type de valeurs liées à la nouvelle économie. Elles appartiennent à l'indice SBF 120. Il s'agit donc de valeurs de premier plan dont la liquidité valide les mouvements qui y sont attachés.

comporte encore une majorité de valeurs dites traditionnelles tandis que le Nasdaq s'appuie sur des valeurs technologiques au sens large. L'évolution du cours de ces deux indices depuis 1999 est révélatrice de cette révolution. L'écart entre le cours du Nasdaq et celui du Dow-Jones ne cesse de se réduire. On a même assisté sur les premiers mois de l'année 2000 à une baisse du Dow-Jones et une progression sensible du Nasdaq, le tout dans une économie toujours aussi performante.

L'influence du Nasdaq sur les performances en Europe ne cesse de s'affirmer. Jusqu'à une époque très récente, il suffisait de connaître la clôture de l'indice Dow-Jones à New York pour anticiper la tendance du marché européen du lendemain. Aujourd'hui, il faut tenir compte des deux indices dont les performances, on vient de le voir, sont certains jours opposées.

En Europe, ce distinguo entre valeurs est moins facile à faire. Les principales places européennes n'ont pas individuellement les moyens de faire vivre deux indices nationaux distincts comme c'est le cas aux États-Unis. L'unification des places européennes que l'on a déjà évoquée devrait conduire à y remédier.

Pour le moment, ce n'est pas le cas. La Bourse de Londres l'a particulièrement bien compris en modifiant la première et de façon spectaculaire la composition de son indice de référence : le Footsie. En mars 2000, elle en a en effet sorti 9 valeurs traditionnelles (il en comporte 100) au profit de valeurs technologiques. Cette nouvelle composition est d'autant plus marquante que l'une des valeurs exclues (Allied Domecq spécialisée dans les spiritueux) réalise un chiffre d'affaires supérieur au total de ceux des neuf nouveaux élus.

De même sur l'indice Nikkei 225 de la Bourse de Tokyo qui a procédé au printemps 2000 à une modification substancielle de son panier pour y inclure 30 valeurs de la nouvelle économie.

→ L'indice du nouveau marché

Le nouveau marché regroupe depuis 1995, on l'a vu, des sociétés jeunes qui ont introduit une petite partie de leur capital pour financer leur développement. De métiers divers, les nouvelles sociétés qui viennent en Bourse sont aujourd'hui quasi exclusivement tournées vers la nouvelle économie. L'indice du nouveau marché est et sera de plus en plus un indice technologique. Mais le nouveau marché est-il liquide pour autant ?

À l'évidence pas assez. Les griefs qu'on lui faisait sont d'autant plus actuels que l'intérêt que lui porte le marché augmente. Plus les opérateurs viennent y négocier et plus les défauts de cet indice sautent aux yeux : la part de capital mise en Bourse est généralement trop faible. Les conséquences sont immédiates : une liquidité insuffisante sur les titres, des méthodes de cotation (fixage) et des limites de fluctuations peu adaptées. Il convient donc de rester prudent sur la progression de ces titres malgré leurs qualités intrinsèques.

→ Souscrire aux introductions de valeurs Internet

Plus encore que des introductions classiques, celles de valeurs Internet traduisent le décalage persistant entre l'offre et la demande. On pouvait demander 500 ou 1 000 actions Multimania ou Solucom pour n'en avoir au final que 1 ou 2. C'est à l'évidence frustrant mais ce n'est pas nouveau. La part réservée aux particuliers est de toute façon trop faible pour faire face à une demande 100 voire 200 fois supérieure à l'offre. Tout le problème est là. Lorsque, pour 1 000 actions mises sur le marché il y a de la demande pour 100 000 ou 200 000, l'issue est facile à prévoir.

Pourtant, malgré la petitesse de l'offre, le succès ne se dément pas et les gains enregistrés même sur un titre ou deux suffisent à entretenir le phénomène.

Les frais sur ce type de souscription sont en général importants. En effet, il existe chez la plupart des intermédiaires des minima de tarifs qui font que pour un titre ou deux, le taux de commission peut atteindre la moitié de votre achat initial. Néanmoins, vos risques demeurent faibles sur ce type de sociétés tant que les cotations immédiatement après l'introduction multiplient par deux ou trois la valorisation de l'entreprise.

→ Quel portefeuille de valeurs de la net économie ?

Il est difficile aujourd'hui de jouer les Cassandre au pays de la net économie. Vous avez vite fait d'être comparé à ceux qui ne croyaient ni au développement de l'automobile ni à celui du chemin de fer.

Il ne faut donc pas évoquer la perspective d'un « e-crack » pas plus que la valorisation virtuelle des entreprises du net dont la première préoccupation n'est pas de faire des bénéfices mais de prendre des parts de marché à grands coups d'investissements massifs.

Mais de tout cela le marché se moque. L'absence de capacité de discernement sur les entreprises qui viennent en Bourse oblige à ne pas choisir. « Il faut donc tout acheter ; il y aura bien dans le lot le Microsoft de demain. »

Ceci est un constat, et certainement pas un conseil.

Alors comment s'en sortir honorablement ? Il faut incontestablement une part de sociétés liées à la nouvelle économie. Une part qui est appelée à croître dans l'avenir. Mais cette croissance devrait être naturelle. Si vous aviez dans votre portefeuille des actions traditionnelles comme Carrefour, LVMH ou Lagardère, vous auriez aujourd'hui des valeurs Internet : Carrefour s'est allié avec l'américain Sears pour offrir à leurs fournisseurs un système global d'appel d'offre sur le net, LVMH veut mettre en place un portail du luxe, enfin Lagardère, en s'alliant avec Canal plus, a réalisé le mariage du contenant et du contenu dans la télévision interactive.

Plus que votre portefeuille, c'est la stratégie de l'entreprise qui va changer. Celles qui n'ont pas de projets en la matière sont pour le moment boudées par le marché, ce qui explique la baisse de 25 % du titre Danone au début de l'année 2000. Elles n'en demeurent pas moins des entreprises d'avenir et très saines.

Continuez d'avoir dans votre portefeuille des titres de premier plan en privilégiant peut-être ceux pour lesquels un développement Internet semble possible.

Privilégiez dans les valeurs purement technologiques celles qui ont déjà fait leurs preuves.

Pour les petites structures, ce sera à coup sûr la loterie. Le marché est encore trop récent pour pouvoir trier parmi toutes les jeunes pousses celles dont le potentiel est réel ou celles qui vont échouer. Dans ces conditions, réservez une petite part de votre investissement à ce type de valeurs en sachant que le risque de tout perdre existe plus qu'ailleurs. Il y a tôt ou tard en Bourse une réalité économique qui prime.

La nouvelle économie

Avant-propos : selon la loi dite de Moore (l'un des fondateurs d'Intel), la capacité des microprocesseurs double tous les 18 mois.

La nouvelle économie est un concept mis en avant aux États-Unis à la fois pour justifier un phénomène de croissance saine et durable et pour traduire l'apparition de nouveaux métiers liés au développement d'Internet. Cette économie sans frontière repose sur la valorisation des techniques d'information et de communication qu'elle capitalise à travers l'apparition d'un nouveau média : Internet.

Ce bouleversement est fondamental et arrive en point d'orgue de la mondialisation de l'économie. Désormais, il est possible de vendre aux quatre coins du monde. Communiquer plus rapidement, informer mieux, tout cela à moindre coût, c'est rendre plus efficient le marché. Car si un marché est le reflet de l'offre et de la demande, il n'existe

---

MISEZ SUR LA RENTABILITÉ

L'engouement pour les valeurs technologiques va se poursuivre. Pour autant, il faut cesser de raisonner en cloisonnant la nouvelle économie d'un côté et l'ancienne de l'autre ; a terme, il n'y aura plus de différence. Celles qui feront des bénéfices seront encore là, les autres auront disparu. Pour y voir clair dans les valeurs TMT (technologies, média, téléphone), choisissez autant que possible des entreprises rentables. La croissance à tout prix n'a pas d'avenir et ne doit pas constituer un critère de sélection. Le reste est affaire d'intuition.

que pour peu qu'on puisse les faire se rencontrer. C'est le rôle essentiel de l'information. Plus cette information est rapide, plus elle peut se diffuser au niveau mondial et plus on améliore la fluidité du marché.

Cette approche de la nouvelle économie met en avant le rôle de l'Internet comme véhicule essentiel de la diffusion de l'information. Il en découle une modification de la stratégie des entreprises en place face à cette nouvelle donne et face à l'émergence de nouveaux marchés. C'est ainsi que les grands groupes qui s'étaient développés dans les années quatre-vingt et quatre-vingt-dix sur plusieurs métiers à la fois se reconcentrent principalement sur un métier ou deux. C'est la cas entre autres de Vivendi qui, après avoir changé de nom, s'est repositionné exclusivement dans les domaines de l'eau et de l'information. Cette stratégie vise à la fois à assurer une meilleure compétence dans son domaine et une plus forte visibilité sur le métier de l'entreprise. Information et marché: on en revient toujours aux mêmes fondamentaux.

Lexique

À PARITÉ (À LA MONNAIE / AT THE MONEY)

Le prix d'exercice du contrat d'option et le cours du titre support étant très proches, l'option possède une valeur intrinsèque nulle ou proche de zéro.

ABATTEMENT FISCAL

Réduction de la base d'imposition. La taxation s'opère alors au-delà du montant de l'abattement. Les revenus d'actions bénéficient d'un abattement commun de 16 000 francs* pour un couple et de 8 000 francs* pour un célibataire (*pour l'exercice 1999).

ACHAT À DÉCOUVERT

Achat sur le marché à règlement mensuel, sans avoir les fonds pour régler comptant : le règlement et la livraison des titres n'auront lieu en effet qu'en fin de mois. Une couverture en espèces ou en titres est néanmoins exigée. Toute position initiée peut être dénouée au plus tard le jour de liquidation. Si le prix de vente est supérieur (inférieur) au prix d'achat, l'initiateur de l'opération est crédité (débité) en fin de mois. Il peut aussi faire reporter la position.

ACTIF NET

Valeur comptable de l'ensemble des biens que possède une société, diminuée de ses dettes.

ACTIF SOUS-JACENT

Il correspond au support financier sur lequel porte l'option d'achat (*call*) ou l'option de vente (*put*) : il peut être une action, un indice, un panier de valeurs, un taux ou encore une devise.

ACTION

L'action est un titre de propriété d'une société de capitaux. Son détenteur en devient copropriétaire ce qui lui donne le droit de vote aux assemblées, le droit de participer aux bénéfices et un droit de propriété sur sa quote-part de l'actif net c'est-à-dire sur le patrimoine de l'entreprise.

ACTION AU PORTEUR

Action sans détenteur déclaré nominativement dans les registres de l'entreprise.

ACTION GRATUITE

Action distribuée «gratuitement» à un actionnaire lors d'une augmentation de capital par incorporation des réserves. Le porteur l'acquiert par la conversion de ses droits d'attribution.

ACTION NOMINATIVE

Action qui fait l'objet d'une inscription sur les registres de l'entreprise avec le nom du détenteur. La société connaît et contrôle la composition de son actionnariat. L'action nominative s'oppose à l'action au porteur.

ACTION NOUVELLE

Action émise lors d'une augmentation de capital ou de l'exercice de bons de souscription.

ACTION ORDINAIRE

Type d'action le plus général, donnant lieu à un droit de vote, au versement d'un dividende ordinaire et au boni (de liquidation) en cas de liquidation de la société.

ANALYSE FONDAMENTALE

Analyse boursière fondée sur des paramètres d'appréciation politique, économique et financier. Ce type d'analyse est complété par l'analyse technique.

ANALYSE TECHNIQUE OU ANALYSE CHARTISTE

Ensemble des méthodes graphiques et mathématiques utilisées pour anticiper l'évolution des marchés financiers. Analyse historique de l'évolution du cours d'une valeur mobilière ou d'un indice qui s'appuie sur l'observation de graphiques et sur la reconnaissance de figures ayant tendance à se répéter au fil du temps.

APPEL DE MARGE OU DE COUVERTURE

Montant nécessaire pour couvrir les risques liés aux positions débitrices d'un client sur les marchés à terme, ou les couvertures insuffisantes pour les vendeurs d'options.

APPLICATION (ACHETÉ / VENDU)

Opération consistant en un achat et une vente exécutés simultanément sur une même valeur, à un même prix, pour une même quantité de titres. Ce sont des opérations que l'on voit entre autres à la fin de l'année et qui permettent soit de dégager des plus-values soit de faire apparaître des pertes. Ce sont également les achats de titres sous forme de blocs qui échappent ainsi aux ordres inscrits à la cote.

ARBITRAGE

Opération très générale qui consiste à vendre des valeurs au profits d'autres. Exemple : arbitrer l'ancienne économie au profit de la nouvelle.

AVIS D'OPÉRATION

Document destiné au client et qui récapitule l'opération ou l'ensemble des opérations effectuées pour son compte au cours d'une journée de Bourse.

AVOIR FISCAL

Il correspond à la moitié du dividende net. Il s'additionne aux revenus imposables et est ensuite déduit du montant de l'impôt exigible.

BAR CHART

Traduction au moyen d'un graphique de l'évolution d'un titre. À chaque période (chaque jour par exemple) correspond une barre verticale dont les deux extrêmes correspondent au cours le plus haut et le plus bas de la journée. À cette ligne s'ajoutent généralement deux barres horizontales de part et d'autre de la ligne, qui matérialisent le cours d'ouverture et le cours de clôture. L'ensemble de ces barres détermine la tendance d'un titre ou le *trend* (voir *trend* et *line chart*).

BÉNÉFICE NET

Solde positif du compte de résultat. Le bénéfice net peut être distribué aux actionnaires et au personnel.

BLUE CHIPS

Terme international qui désigne les valeurs les plus importantes, les plus liquides, celles qui font partie de la plupart des indices.

BON DE SOUSCRIPTION

Option qui permet de souscrire, jusqu'à une date déterminée, une quantité d'actions à un prix connu à l'avance. C'est un produit spéculatif dont la valeur dépend du comportement de l'action sous-jacente. Il permet de jouer la hausse d'un titre pour un investissement moindre, ce qui constitue un fort effet de levier (voir ce terme). La perte éventuelle en capital est limitée au prix du bon de souscription.

BTF/BTAN/OAT

Gamme principale des produits du Trésor dans le cadre du refinancement de la dette de l'État :
– les BTF (bons à taux fixes) assurent le refinancement de la dette jusqu'à un an ;
– les BTAN (bons à taux annuel normalisé) sont émis jusqu'à 5 ans. Dans la pratique ces émissions ne portent que sur des durées de 2 et 5 ans ;
– les OAT (obligations assimilables du Trésor) s'étendent jusqu'à 30 ans. Une part de ces obligations sont réservées aux particuliers et sont disponibles auprès de votre banquier.

CALL

Sur les marchés optionnels, le *call* désigne le droit d'achat d'un actif (actions, indices, devises) sur une durée déterminée. Ce droit s'achète et se vend moyennant le paiement ou l'encaissement d'une prime (voir également *put*, *primes* et *prix d'exercice*).

CAPITALISATION BOURSIÈRE

Mesure permanente de la valeur financière d'une société cotée. Elle s'obtient en multipliant le nombre d'actions de la société par son cours de Bourse (voir ce terme).

CARNET D'ORDRES

Tableau visualisant les principaux ordres à l'achat et à la vente sur un titre ainsi que les volumes qui s'y rapportent. Les principaux courtiers en ligne affichent un carnet d'ordres qui comporte les cinq ou six meilleures offres et demandes. L'intégralité de ces offres et demandes constitue la feuille de marché. Le carnet d'ordres permet de savoir la tendance instantanée sur un titre et favorise votre positionnement à l'achat ou à la vente.

CMF

Conseil des marchés financiers. Autorité de marché unique résultant de la fusion du Conseil des Bourses de valeurs (CBV) et du Conseil du marché à terme (CMT). Le CMF est responsable de la réglementation générale concernant les marchés de valeurs mobilières et d'instruments dérivés, il a également un rôle disciplinaire vis-à-vis de tous les intermédiaires boursiers et exerce un pouvoir disciplinaire en cas de manquements aux règles déontologiques.

COB

La Commission des opérations de Bourse contrôle l'information des porteurs de valeurs mobilières et du public sur les sociétés qui font publiquement appel à l'épargne. Elle assure la tutelle des SICAV et des FCP et veille au bon fonctionnement des Bourses de valeurs et plus généralement à la protection de l'épargne.

CODE VALEUR OU CODE SICOVAM

À chaque valeur mobilière (cela ne concerne pas seulement les actions) un code est attribué par la Sicovam. Celle-ci conserve ainsi quelque 20 000 valeurs dont 1 405 actions (source : sicovam.com).

COMPENSATION

Opération quotidienne de tenue des comptes consistant à assurer la correspondance des positions débitrices et créditrices nettes des opérateurs, c'est-à-dire à créditer les comptes des intervenants ayant enregistré un gain net du montant de ce gain et à débiter le compte des intervenants ayant enregistré une perte nette du montant de cette perte. Le cours de compensation est généralement le cours d'ouverture du jour de liquidation.

COMPTANT

Le marché du comptant est une section de la cote officielle. Il regroupe environ 450 valeurs sur lesquelles la liquidité est moindre que le règlement mensuel (RM). Sur ce marché, le règlement des opérations est immédiat.

CONTRAT À TERME / *FUTURES*

Un contrat à terme se définit comme l'engagement d'acheter ou de vendre une quantité déterminée d'un produit financier à un prix et à une date fixés au moment de la conclusion du contrat.

CONTRAT D'ANIMATION

Lors de l'introduction d'une valeur sur le marché, un contrat d'animation est généralement conclu entre d'une part la société émettrice et d'autre part le ou les responsables de l'introduction (société de Bourse, banquier). Il prévoit que ces derniers assureront la liquidité du titre en maintenant une fourchette de prix de 5 % au maximum à l'achat et à la vente pour les valeurs cotées en continu. C'est un des moyens d'animation sur le nouveau marché.

COTATION EN CONTINU

Cotation qui se déroule tout au long de la journée, permettant aux investisseurs d'intervenir à l'achat ou à la vente à tout moment de 9 heures à 17 h 35. Le continu s'oppose au fixing. Une cotation en continu peut être combinée avec le fixing comme c'est le cas sur le nouveau marché.

COUPON

Intérêt d'une obligation détaché à une date définie au départ. Il peut être fixe ou variable (référencé à un indice).

COUPON COURU

Sur le marché obligataire, ce terme désigne les intérêts acquis depuis le dernier détachement du coupon jusqu'à la date à laquelle on se place.

COURS DE BOURSE

Chaque transaction sur un titre se matérialise par un prix. C'est le cours de Bourse.

COURS DE COMPENSATION

Le cours de compensation est le cours officiel quotidien d'un titre. C'est le cours de fixing d'un titre.

COURS D'INTRODUCTION

C'est la valeur d'un titre décidée pour sa mise sur le marché boursier. Il est généralement connu à l'avance. Dans le cadre des privatisations, c'est le cours fixé par le gouvernement pour la mise sur le marché des titres d'une société.

COURS D'OUVERTURE

Premier cours coté (première transaction) lors d'une séance de bourse.

COURT / *SHORT*

Avoir une position courte signifie être vendeur d'une position. À l'inverse, être long signifie être acheteur. (Voir également *débouclement*, *long* et *flat*.)

COURTAGE

Commission d'exécution d'un ordre, payé par le client. Elle figure sur l'avis d'opération.

COURTIER

Intermédiaire qui exécute les transactions de bourse pour le compte du client.

COUVERTURE / *HEDGING*

Une couverture se réalise en prenant sur le marché à terme une position équivalente en exposition au risque, mais de sens inverse à celle qui est détenue sur le marché au comptant. L'opérateur qui se couvre cherche à réduire son exposition au risque de variation des prix.

CRÉDIT D'IMPÔT

Somme que le contribuable peut déduire du montant de son impôt à payer. Le principal crédit d'impôt, l'avoir fiscal, concerne les dividendes d'actions.

DATE D'ÉCHÉANCE / EXPIRATION

Date à laquelle le contrat d'option expire. Dernier jour d'exécution du contrat d'option.

DATE D'EXERCICE

Date à laquelle l'acheteur de l'option peut l'exercer. Le dernier jour possible d'exercice est l'avant-dernier jour ouvré du mois d'échéance.

DAY TRADE OU DAY TRADING

Opération initiée et débouclée dans la même journée c'est-à-dire achat et revente (ou l'inverse) à l'intérieur d'une séance de Bourse. En termes de frais, elle peut donner lieu au paiement d'un courtage réduit (uniquement à l'achat ou à la vente).

DÉBOUCLEMENT

Solde d'une position prise sur le marché, rachat de la position vendeuse ou vente de la position acheteuse.

DELTA

Terme optionnel de sensibilité (voir également théta). Le delta d'une option donne la variation du prix de l'option pour une variation de 1 franc du sous-jacent.

DÉNOUEMENT

On parle du dénouement d'une opération lorsque l'acheteur règle les titres achetés en contrepartie de sa livraison. Il en est de même à l'inverse lorsque le vendeur livre les titres qu'il a vendus. Les systèmes de règlement livraison garantissent que l'achat de titres se réalise que si le paiement de ces derniers est bien réel. Idem pour la vente de titres.

DÉPORT

Lorsque, sur une valeur, le nombre de titres reportés par les vendeurs est supérieur au nombre de titres à faire reporter par les acheteurs, il convient d'équilibrer le marché. Pour ce faire, certains investisseurs vont vendre leurs titres et les racheter sur la liquidation suivante. Cette opération est réalisée sur la base du cours de compensation augmenté d'une marge. La rémunération dont ils bénéficient s'appelle le déport (voir, pour le sens contraire, *report*). Sur les marchés financiers, ce type d'opération s'appelle un prêt de titres. Il devrait se généraliser avec la mise en place du système de règlement différé (voir ce terme).

DÉPÔT DE GARANTIE

Couverture financière exigée en contrepartie d'une opération sur un marché à terme. Elle est destinée à couvrir d'éventuelles pertes potentielles liées à ce type d'opération et qui bénéficient d'effets de leviers forts (voir *effet de levier*).

DÉTACHEMENT DE COUPON

Attribution du dividende aux détenteurs de l'action. Le versement de celui-ci peut avoir lieu plusieurs semaines après la date du détachement en espèces ou en titres.

DIVIDENDE/DIVIDENDE GLOBAL

Partie du bénéfice de la société versée à l'actionnaire. Le dividende brut mentionné dans la déclaration de revenu doit être distingué. Il comprend le dividende net perçu par l'actionnaire augmenté de l'avoir fiscal (dividende global).

DOW JONES

Indice phare de la Bourse de New York composé de 30 valeurs industrielles (voir également *Nasdaq*).

DROITS DE GARDE

Frais prélevés par l'intermédiaire pour la tenue annuelle de votre compte titres.

EFFET DE LEVIER

Ratio démultiplicateur entre le montant de l'investissement et le résultat qu'on peut en attendre. S'applique sur les marchés à terme et sur les marchés d'options comme le Monep, les warrants ou les bons de souscription entre autres. À noter qu'on ne parle pas ici de bénéfice car, malheureusement, l'effet de levier peut jouer dans les deux sens.

EONIA (EUROPEAN OVERNIGHT INDEX AVERAGE)

Taux officiel représentant le loyer de l'argent sur une journée sur le marché interbancaire (établissements bancaires et organismes habilités). Il sert d'indice de référence sur les marchés financiers mais

également sur les OPCVM indexés sur le marché monétaire.

EXERCICE

Choix de l'acheteur d'une option d'en demander l'exécution. Celle-ci peut prendre des formes variables que ce soit la livraison de titres ou le paiement d'un différentiel en espèces.

FCP

Fonds commun de placement. Le FCP, qui n'a pas de personnalité morale, est une copropriété de valeurs mobilières. Il est soumis à la réglementation des OPCVM. Un fonds commun est plus souple à gérer qu'une SICAV (voir ce terme), ce qui explique l'augmentation progressive du nombre de FCP par rapport aux SICAV. Leur nombre est à peu près identique désormais.

FIXING

Détermination d'un cours d'équilibre sur un titre en regroupant tous les ordres d'achat et de vente, une ou plusieurs fois par jour. Ce type de cotation, qui s'oppose à celle en continu, permet de fixer le cours de valeurs à faible liquidité sur lesquelles naturellement l'offre et la demande ne se rencontrent pas fréquemment.

FLAT

En langage de marché, se dit d'un titre sur lequel on n'a pas pris position.

Exemple : « Je suis flat sur Vivendi » signifie que je n'ai pas de position sur ce titre (voir également *long* et *short*).

FLOTTANT

Partie du capital d'une société mise sur le marché. Elle s'exprime en pourcentage de l'ensemble des titres de cette société.

FONDS PROPRES

Ils correspondent au total des actifs possédés par la société, diminué de l'ensemble des dettes.

FOURCHETTE

Écart de prix affiché à l'achat et à la vente résultant de la feuille de marché du titre. La meilleure offre et la meilleure demande permettent de déterminer cette fourchette.

FUTURES CAC 40

Contrat à terme représentatif de l'indice CAC 40 coté sur le Monep et destiné à des opérations de couverture ou de spéculation. Les marchés de futures en général désignent les marchés à terme quels qu'en soient les supports.

GROUPE DE COTATION

Selon leur degré de liquidité et leur compartiment les valeurs sont réparties en quatre groupes de cotation :
– Continu A : valeurs très liquides ;
– Continu B : valeurs à liquidité moyenne ;

– Fixing A : titres à moindre liquidité de la cote officielle et du second marché ;
– Fixing B : titres à moindre liquidité du marché libre (voir ce terme).

HORS DES COURS (EN DEHORS DE COURS)

Se dit d'un ordre en dehors de la fourchette de cotation et de la feuille de marché. Vous avez passé un ordre pour acheter des titres Vivendi à 90 euros. La fourchette est de 104,10/104,25. Votre ordre est en dehors du marché. La traduction, c'est qu'il a peu de chance d'être réalisé dans l'immédiat sauf décalage exceptionnel. Les ordres en dehors sont souvent des ordres stop ou des ordres à révocation (voir ces termes).

IMPÔT DE BOURSE

Cet impôt est perçu par l'État sur toute opération d'achat ou de vente de valeurs mobilières sauf exceptions. L'impôt de bourse est de 0,3 % sur les transactions d'un montant compris entre 50 000 francs et 1 million de francs et de 0,15 % sur les transactions supérieures à 1 million.

INDICE BOURSIER

Moyenne pondérée des cours d'un panier d'actions. Un indice mesure la performance générale d'un marché ou d'un secteur.

LINE CHART

Visualisation, sur un graphique, de l'évolution du cours d'un titre. Les cours sont reliés entre eux selon leur fréquence par une ligne (*line* en anglais). Cette line chart s'oppose au bar chart (voir ce terme).

LIQUIDATION

Échéance mensuelle des opérations sur le RM, sixième jour de Bourse avant la fin du mois. Cette liquidation est désormais remplacée par le mécanisme du règlement différé (SRD) et intervient le cinquième jour de Bourse avant la fin de mois.

LIQUIDER UNE POSITION

Solder une position en la débouclant sur le marché par une opération inverse ; vendre un achat ou racheter une position vendeuse.

LIQUIDITÉ

Terme subjectif qui traduit le volume et la fréquence des échanges d'un titre. Plus il y a de transactions et plus le titre est liquide.

LIVRER LES TITRES

Instruction passée au plus tard le jour de la liquidation en vue de livrer les titres vendus sur le RM.

MARCHÉ DE GRÉ À GRÉ/ MARCHÉ ORGANISÉ

Type juridique de marché qui s'oppose au marché organisé et qui se traduit par l'absence d'unicité de prix sur le lieu de cotation. La quasi-totalité des transactions sur les marchés boursiers s'effectuent sur des marchés organisés. Exemple : à la Bourse de Paris, à un instant donné, il ne peut y avoir qu'un seul prix unique sur un titre qui fait l'objet d'un échange. À l'inverse, si vous choisissez un crédit à 5,60 % pour acheter votre appartement, il est très probable qu'au même moment, ailleurs, un taux différent aura été négocié.

MARCHÉ LIBRE

Marché non réglementé, qui remplace le marché hors cote. Il ne comporte pas de dispositions protectrices des actionnaires minoritaires et permet la négociation des titres de petites sociétés ne figurant pas sur les marchés réglementés.

MOINS-VALUE

C'est la perte réalisée sur une opération boursière (voir surtout plus-value).

MONEP

Marché des options négociables de Paris. Marché sur lequel se négocient des options sur actions et sur indices ainsi que des contrats à terme sur ces mêmes indices.

NASDAQ
Indice américain de référence des valeurs à forte croissance. Symbole de la nouvelle économie, il est constitué de près de 5 000 valeurs dont plus de 10 % sont étrangères.

NOMINAL
Fraction du capital représentée par une action.

NOUVEAU MARCHÉ
Créé en 1996, ce compartiment de la Bourse de Paris est inspiré du Nasdaq américain (voir ce terme). Il est en principe destiné à des entreprises jeunes en forte croissance appartenant en général à des activités de technique avancée.

OBLIGATION
Une obligation est un titre de créance représentant la part d'un emprunt émis par l'État, une collectivité publique, une entreprise nationale ou une société privée. Si elle est à taux fixe, l'émetteur s'engage à verser un revenu constant pendant toue la durée de l'emprunt. Le porteur est assuré d'être remboursé selon les modalités prévues au contrat. Son risque se limite à une faillite de l'émetteur ou à une grave défaillance entraînant une modification des conditions de paiement prévues.

OBLIGATION CONVERTIBLE EN ACTION
La particularité de cette obligation est qu'elle peut être transformée en actions par son détenteur à tout moment sur une période déterminée à une parité définie au moment de l'émission.

OFFRE PUBLIQUE D'ACHAT (OPA)
Opération financière par laquelle une entreprise ou un groupe financier fait connaître publiquement aux actionnaires d'une société son désir de prendre le contrôle de cette société.

OFFRE PUBLIQUE D'ÉCHANGE (OPE)
Procédure publique permettant à une société d'échanger ses actions contre celles d'une autre société.

OPCVM
Organisme de placement collectif en valeurs mobilières. Organisme qui collecte et place les capitaux en valeurs mobilières (actions, obligations...). Terme général utilisé pour désigner une SICAV ou un FCP (voir ces termes).

OPTION
Contrat d'achat (voir *call*) ou de vente (voir *put*). L'acheteur a le droit, et non l'obligation, d'acheter ou de vendre une quantité définie d'un actif (action ou indice) à un prix fixé d'avance (voir *prix d'exercice*) pendant une période convenue à l'avance. Le vendeur a l'obligation de vendre ou d'acheter l'actif déterminé au

prix fixé d'avance, si l'acheteur décide d'exercer son droit. (Voir également *valeur intrinsèque* et *valeur temps*.)

ORDRE À COURS LIMITÉ

Ordre qui comprend une limite de prix maximale pour un achat et minimale en cas de vente.

ORDRE À SEUIL DE DÉCLENCHEMENT

Ordre qui devient un ordre « à tout prix » dès que la limite fixée est atteinte.

ORDRE À TOUT PRIX

Ordre exécuté :
– en priorité sur tous les ordres à cours limité ;
– en totalité si le marché le permet, l'exécution pouvant, le cas échéant, s'effectuer à des cours différents

ORDRE AU PRIX DU MARCHÉ

Ordre sans limite de prix mais qui est transformé automatiquement en ordre « à cours limité » :
– au cours d'ouverture, s'il est présenté avant l'ouverture ;
– au prix de la meilleure demande/offre existant sur le marché dans le cas d'un ordre de vente/achat s'il est présenté en cours de séance.
En cas de non-exécution ou d'exécution partielle, l'ordre conserve cette limite.

ORDRE TOUT OU RIEN

Ordre « à cours limité » dont l'exécution dépend d'une contrepartie suffisante sur le marché. Cet ordre est soumis à deux

restrictions : la ligne doit être inférieure à 50 000 francs et n'est pas recevable sur les valeurs de l'indice CAC 40.

PARIS BOURSE SBF SA

Paris Bourse SBF SA est le nom commercial de la Société des Bourses françaises (SBF). Elle organise et assure le fonctionnement quotidien et la promotion de la Bourse de Paris.

PAS DE COTATION (ÉCHELONS)

Les échelons de cotation varient selon la valeur des titres. Pour les actions et titres assimilés :
– jusqu'à 50 euros, par : 0,01 euro ;
– entre 50 euros et 100 euros, par : 0,05 euro ;
– entre 100 euros et 500 euros, par : 0,10 euro ;
– au-dessus de 500 euros, par : 0,50 euro.

PEA

Plan épargne en actions.

PER

Price Earning Ratio ou coefficient de capitalisation de résultat. Cours de l'action divisé par le bénéfice par action. Il ne s'applique qu'aux entreprises bénéficiaires. Le PER permet de comparer des sociétés issues d'un même secteur.

PLUS-VALUE

C'est le gain obtenu sur le revente d'un titre (voir pour l'opposé *moins-value*).

PRÉOUVERTURE

Période (de 7 h 45 à 9 heures) durant laquelle les ordres sont pris en compte mais ne sont pas encore exécutés.

PRIME / PREMIUM

Le premium correspond au prix de l'option. Une option est négociée moyennant le paiement d'une prime exprimée en pourcentage du montant nominal investi.

PRIX D'EXERCICE

Prix auquel le détenteur d'une option peut acheter ou vendre le sous-jacent s'il exerce son option.

PUT

Le put est une option de vente qui confère à son acquéreur le droit de vendre un actif à un prix donné pendant un certain laps de temps. (Voir *call, prime* et *prix d'exercice*.)

RATING, AGENCE DE RATING

Note (*rating*) attribuée à un emprunteur par une agence de notation (agence de rating) et destinée à mesurer sa capacité de remboursement. En France (et dans la plupart des grands pays industrialisés), l'État bénéficie de la meilleure notation, sa solvabilité étant considérée comme maximale. Les notes prennent généralement la forme de lettres alphabétiques, de A jusqu'à E.

RÈGLEMENT IMMÉDIAT

Le mécanisme du service de règlement différé (SRD) a clarifié les mécanismes de règlement. Désormais, tout règlement quel que soit le marché s'effectue au comptant avec paiement en J +3. Seuls les titres bénéficiant du SRD peuvent être payés à terme.

RÈGLEMENT MENSUEL

Système historique de la Bourse de Paris dont le principal objet était le règlement différé des actions. Dans un souci d'harmonisation européenne, il est désormais remplacé (25 septembre 2000) par un mécanisme de règlement différé (voir *service de règlement différé*).

RELIT

Système de règlement-livraison de titres de la Bourse de Paris.

RELUTIF

Opération financière réalisée par une société se matérialisant par un gain immédiat pour l'actionnaire. Exemple : l'acquisition d'une société par une autre peut se traduire par une appréciation du bénéfice net par action, compte tenu de l'importance du profit généré par la société acquise. À l'inverse, on parlera d'une acquisition dilutive.

REPORT

Le jour de la liquidation, l'acheteur qui ne veut pas régler ses titres ou le vendeur qui ne désire pas livrer les titres vendus ont la possibilité de proroger sur le mois suivant (et ce plusieurs fois de suite) leurs opérations (voir déport).

RÉVOCATION

L'ordre est valable jusqu'à la fin du mois civil pour les titres négociés au comptant ou jusqu'au jour de liquidation.

SBF 120

Cet indice est composé des 120 premières valeurs de la cote en termes de liquidité et de capitalisation.

SBF 250

Cet indice comprend 250 valeurs cotées sur le règlement mensuel (RM) ou le second marché et représente l'évolution du marché dans son ensemble en incluant tous les grands secteurs économiques. C'est plus un indice sectoriel.

SECOND MARCHÉ

Compartiment de la Bourse de Paris qui a pour but d'accueillir des entreprises dynamiques de taille moyenne. Les formalités d'accès, par rapport au premier marché, sont simplifiées.

SERVICE DE RÈGLEMENT DIFFÉRÉ

Système mis en place par Paris Bourse SBF SA pour remplacer le règlement mensuel (25 septembre 2000). Il consacre le marché du tout comptant mais maintient une possibilité de règlement différé qui vous est offerte par votre négociateur. Le règlement différé s'applique aux valeurs de l'indice SBF 120 ou qui disposent d'un milliard d'euros de capitalisation boursière ou d'un million d'euros échangés quotidiennement. La liquidation a lieu 5 jours de Bourse avant la fin du mois calendaire. (Source : Paris Bourse SBF SA.)

SICAV

Société d'investissement à capital variable (voir détails dans la leçon 5).

SICOVAM

Société interprofessionnelle pour la compensation des valeurs mobilières.

SOUS-JACENT

C'est l'instrument financier de référence du contrat.

SUPPORT

En termes d'analyse chartiste, le support est le niveau ou la zone sur lequel les cours viennent buter sans toutefois pouvoir aller plus bas. À l'inverse, on parle de résistance lorsqu'un titre n'arrive pas à franchir un point haut.

SUSPENSION DE COURS

Suspension requise par les autorités de tutelle du marché à la suite d'une impossibilité de cotation, d'une annonce importante concernant la société (voir *OPA, OPE...*) ou d'une anomalie de cours.

TAUX ACTUARIEL

Le taux actuariel correspond au taux de rendement effectif d'une obligation. Il suppose au départ que l'ensemble des coupons soient réinvestis au taux initial.

TAUX DIRECTEUR

Taux officiel (mais en fait il en existe plusieurs) de prêt ou d'emprunt des Banques centrales auprès des établissements financiers.

THÉTA

Mesure de la variation de la valeur d'une option provoquée par le seul passage du temps, les autres paramètres étant constants. Plus on se rapproche de l'échéance et plus le théta augmente.

TREND

Terme technique traduisant une tendance. Elle peut être haussière, baissière voire nulle, c'est-à-dire sans orientation particulière précise. Le trend s'apprécie en général à partir des graphiques.

VALEUR DE CROISSANCE

Action appartenant à un secteur économique à fort potentiel.

VALEUR INTRINSÈQUE

Sur le marché des options, la valeur intrinsèque est la différence entre le prix d'exercice de l'option (celui auquel vous pouvez acheter les titres dans le cadre de l'option) et le prix actuel du titre. La valeur intrinsèque est positive ou nulle. Exemple : si vous achetez un call Carrefour sur un prix d'exercice de 70 euros, vous achetez moyennant un certain prix le droit d'acheter des actions Carrefour à 70 euros. Si le titre au moment de l'achat vaut 72 euros, la valeur intrinsèque de votre option est de 2 euros. (S'il vaut 68 euros, la valeur intrinsèque est nulle.) La prime à payer sera donc au minimum de 2 euros le reste de la prime représentant la valeur temps (voir ce terme).

VALEUR LIQUIDATIVE OU VL

Dans le cadre d'un OPCVM, il s'agit de la valeur résultant de la division de l'actif net par le nombre de parts pour un FCP ou le nombre d'actions pour une SICAV. Selon les SICAV ou les FCP, la VL représente la valorisation périodique (le plus souvent quotidienne) de votre investissement par rapport à votre achat. Exemple : vous achetez des SICAV Sudvaleurs sur la base d'un cours de 50,44 euros. Son évolution quotidienne se traduit par une sorte de fixing. C'est la valeur liquidative, ce qu'on appelle en termes de marché la VL. Si la VL vaut 52,15 euros cela signifie que vous pouvez revendre vos SICAV à ce prix et encaisser la différence soit 1,71 euro par action (hors frais éventuels).

VALEUR TEMPS

Le prix d'une option est constitué de sa valeur intrinsèque et de sa valeur temps. En supposant qu'elle ait une valeur intrinsèque nulle, elle garde une valeur liée au temps qui lui reste à courir avant l'échéance. Plus celle-ci est lointaine et plus la valeur temps est forte. Elle décroît donc à mesure qu'on se rapproche de cette échéance. (Voir *valeur intrinsèque*.)

VALEURS CYCLIQUES

Valeurs dont l'activité est sensible aux anticipations de reprise ou de ralentissement économiques. En période de ralentissement économique, ces valeurs sont délaissées au profit des valeurs de croissance. Exemples de valeurs cycliques : Alstom, Lafarge ou Michelin.

VALEURS DÉFENSIVES

Ce sont des valeurs que l'on considère comme des valeurs de refuge car moins sensibles aux évolutions de la consommation et en général moins volatiles. Exemples de valeurs défensives : Danone, Suez-Lyonnaise, Air Liquide.

VENTE À DÉCOUVERT

Vente effectuée sur un marché à terme ou sur le marché du règlement mensuel (ou au service de règlement différé) sans que le vendeur détienne les titres en portefeuille.

VOLATILITÉ

La volatilité est une mesure de l'amplitude des variations d'un sous-jacent. On distingue la volatilité historique d'un titre qui mesure ses variations passées et la volatilité implicite qui anticipe son potentiel de variation dans l'avenir. Concrètement, lorsque l'on dit que la volatilité s'élève à 10 %, c'est que l'on estime que le support peut varier de + ou − 10 %. Plus la volatilité d'un titre est forte et plus sa variation de cours peut être importante. La volatilité est un des paramètres qui entrent dans la composition du prix d'une option.

WARRANT

Un warrant est un produit négociable qui donne le droit d'acheter ou de vendre un actif financier dans des conditions de prix et de durée définies à l'avance. À la différence d'une option sur le Monep, le warrant est émis par un établissement bancaire qui en assure la cotation et le fonctionnement général. Les principaux émetteurs de warrants sont la Citibank, la Société Générale et le Crédit Lyonnais. Leurs cotations figurent dans les quotidiens spécialisés. (Voir également *valeur intrinsèque* et *valeur temps*.)

Achevé d'imprimer en juillet 2000
sur les presses de Artes Graficas, à Tolède.

Dépôt légal : août 2000

Imprimé en Espagne

D.L.TO : 1209-2000